DISCIPLINA INFANTIL

20 reglas para los Padres

SIMON GRANT

© **Copyright 2019 - .Todos los derechos reservados**

El contenido de este libro no puede ser reproducido, duplicado o transmitido sin el permiso directo por escrito del autor.

Bajo ninguna circunstancia se tendrá ninguna responsabilidad legal o culpa contra el editor por cualquier reparación, daño o pérdida monetaria debido a la información aquí contenida, ya sea directa o indirectamente.

Aviso legal:

Este libro está protegido por derechos de autor. Esto es sólo para uso personal. No puede modificar, distribuir, vender, usar, citar o parafrasear ninguna parte o el contenido de este libro sin el consentimiento del autor.

Aviso de exención de responsabilidad:

Tenga en cuenta que la información contenida en este documento es solo para fines educativos y de entretenimiento. Se ha hecho todo lo posible para proporcionar información completa precisa, actualizada y confiable. No se expresan ni implican garantías de ningún tipo. Los lectores reconocen que el autor no está participando en la prestación de asesoramiento legal, financiero, médico o profesional. El contenido de este libro se ha derivado de diversas fuentes. Consulte a un profesional con licencia antes de intentar cualquier técnica descrita en este libro.

Al leer este documento, el lector acepta que bajo ninguna circunstancia el autor es responsable de las pérdidas, directas o indirectas, que se incurran como resultado del uso de la información contenida en este documento, incluyendo, pero no limitado a, —errores, oinmisiones o inexactitudes.

Tabla de Contenidos

Introducción 1

Capitulo 1: Importancia de Disciplinar a Los Niños.......................3

Capitulo 2: Disciplinar vs. Castigar..17

Capitulo 3: 20 Regla Para Todos Los Padres 23

Capitulo 4: Reglas Esenciales de la Paternidad..........................38

Capitulo 5: Reglas Diferentes Para Aplicar 47

Capitulo 6: Establecer Limites a los Niños...................................56

Capitulo 7: Reglas De Tiempo De Espera.....................................65

Capitulo 8: Disciplinar al Niño Sin Nalgadas 71

Capitulo 9: Explicacion Sobre Las Emociones 76

Capitulo 10: Control Emocional para Niños.................................83

Capitulo 11: Errores Cuando Disciplina a su Niño 89

Capitulo 12: Cambia la Forma de Hablarle a Tus Niños...............96

Capitulo 13: Maneja la Ira 102

Capitulo 14: Lidiar Con Niños Tercos **112**

Capitulo 15: Resolver Problemas Para Niños **117**

Resources **124**

Introducción

Quiero darle las gracias por elegir este libro. Visualiza un hogar tranquilo, feliz y pacífico con niños obedientes donde nunca claramente tienes que alzar la voz para que te escuchen. Este libro proporciona toda la información que necesita para lograr el escenario pacífico que acaba de visualizar. Cuando se trata de criar a un niño, ningún enfoque se adapta a todos los niños. Los niños pequeños no vienen con manuales de instrucciones, y un padre no recibe capacitación formal para lidiar con ellos. Por lo tanto, puede llegar a ser un poco difícil para hacer frente a todos los desafíos que vienen junto con la crianza de un niño.

Ser padre puede ser un poco abrumador a veces. Incluso los mejores padres requieren un poco de apoyo de vez en cuando. La buena noticia es que este libro le enseñará acerca de la crianza positiva y le mostrará cómo puede disciplinar fácilmente a su niño pequeño. Si quieres criar a un niño bien comportado, entonces requiere un esfuerzo constante, paciencia y mucho amor.

En este libro, aprenderás sobre la importancia de disciplinar a tu niño pequeño, los desencadenantes de tu niño pequeño, 20 regla de disciplina, pasos para manejar tus emociones, comunicarte eficazmente con tu hijo pequeño y consejos para lidiar con sus berrinches. Aparte de esto, usted aprenderá acerca de los dos y no de crianza y consejos útiles para disciplinar a su niño sin tener que recurrir a azotes.

Toda la información, junto con las diversas estrategias y consejos que se dan en este libro, son fáciles de entender y fáciles de seguir. Con un poco de consistencia y esfuerzo, usted puede comenzar a incorporar efectivamente estas estrategias en su vida diaria. Al comenzar a seguir estos pasos, verá una mejora definitiva en el comportamiento de su niño pequeño. En poco tiempo, su niño comenzará a exhibir un buen comportamiento mientras.

¿Estás listo para aprender más sobre todo esto? Entonces, ¿por qué no empezamos inmediatamente?

Capitulo 1

Importancia de Disciplinar a Los Niños

Disciplinar a un niño nunca es fácil. Es bastante difícil porque, para disciplinar eficazmente a su niño pequeño, usted debe tener una comprensión profunda de su estado de desarrollo mental. Un niño entre las edades de uno y tres años no tiene la capacidad de pensar racionalmente de la manera en que lo hace un niño mayor. Esta madurez mental no le permite entender y recordar plenamente todas las reglas que establezcas. Incluso si entiende las reglas, es posible que no sea capaz de retenerlas por mucho tiempo. Aparte de esto, su capacidad de empatizar con los demás, junto con su instinto de auto-preservación, todavía está en las etapas de desarrollo. Su comprensión de la lógica, junto con las consecuencias de sus acciones, todavía está en las etapas primitivas.

Usted debe entender que su niño todavía está en las fases iniciales de desarrollar su sentido de sí mismo, y querrá hacer todo por sí mismo. Tal vez quiera hacer cosas que aún no es totalmente capaz de hacer. Esto, a su vez, podría ser una fuente de frustración o irritación. Esto, cuando se combina con el hecho de que no es completamente capaz de comunicarse verbalmente, significa que comenzará a desahogarsus frustraciones lanzando berrinches y disfrutando de un comportamiento rebelde.

Otra cosa que debe tener en cuenta al tratar con un niño pequeño es que podría no ser su intención de comportarse mal. De hecho, la forma en que se comporta es esencialmente su respuesta a una situación. Está respondiendo de la mejor manera que su madurez subdesarrollada le permite. Por lo tanto, usted debe ser bastante empático y comprensivo cada vez que está tratando con su niño pequeño. Usted debe ser consciente de todo lo que su niño está pasando junto con su crecimiento del desarrollo. Al tomar conciencia de estos factores, se hace más fácil responder a él mientras lo disciplina.

Desencadenantes comunes

Antes de aprender acerca de las estrategias y consejos que puede usar para enseñar le disciplina a su hijo, primero debe identificar los desencadenantes comunes. Por lo general, los malos comportamientos de un niño pequeño son a menudo la respuesta a un evento específico o una situación. ¿Cuáles son las razones por las que está actuando? Muchos padres a menudo se toman de espaldas cuando el niño comienza a actuar y están bastante decepcionados con tal comportamiento. Incluso podrían empezar a sentir que están caminando en un campo minado emocional alrededor de ese niño donde cualquier cosa puede despistar a su hijo. Esto ciertamente no es una cosa fácil de tratar, y los padres generalmente terminan sintiéndose completamente derrotados debido a ello. Sin embargo, usted puede cambiar rápidamente la situación y ayudar a su hijo.

La causa principal del problema nunca es una situación, sentimiento o emoción. De hecho, es la reacción de su hijo a tales casos, lo cual es problemático. Es vital identificar todos los problemas si desea resolver o hacer frente a este problema de manera eficaz. Comience por hacer una lista de todas las cosas que desatan a su hijo. Una vez que usted hace una lista de todos los desencadenadores potenciales, se hace más fácil manejar los problemas. La única manera en que usted puede comenzar a ayudar a su hijo a controlar y regular su comportamiento es identificando todos los desencadenantes. El proceso de identificación de estos desencadenantes se vuelve más manejable cuando su niño puede comunicarse verbalmente con usted. Si usted está tratando con un niño pequeño que todavía no tiene las habilidades verbales necesarias para expresarse, entonces usted tendrá que ser más intuitivo con él.

Por lo tanto, al identificar sus desencadenantes, te estás armando con la información que necesitas para encontrar estrategias efectivas para ayudarlo a regular sus emociones. Aparte de esto, también le dará una idea de todas esas situaciones potenciales que debe evitar. En esta sección, aprenderá acerca de los desencadenantes comunes del mal comportamiento de su niño pequeño.

Su hijo podría recurrir a lanzar berrinches de temperamento cada vez que se sienta cansado, hambriento o esté experimentando algún tipo de malestar físico. Como no tiene las habilidades para expresar completamente lo que siente, lanzar un berrinche temperamental es la mejor manera en que puede decir "¡Basta!" Está tratando de expresar sus sentimientos de la única manera que posiblemente conoce llorando, flaqueando, llorizando, o incluso pateando y gritando.

Dado que un niño pequeño es incapaz de expresarse lo que siente, a menudo se siente frustrado debido a sus limitaciones. Puede haber muchas cosas que se apetece hacer, pero es demasiado débil para hacerlas o no tiene la coordinación necesaria para el mismo. Puede ser algo tan simple como hacer que su juguete funcione. Esto, combinado con su incapacidad para expresarse, sólo se suma a su frustración verbalmente. El comportamiento antisocial, la exhibición de adquisición o incluso los estallidos de ira son la única manera en que puede desahogar la frustración que siente. Tenga en cuenta que su niño todavía está en una etapa en la que apenas tiene ningún control sobre su temperamento.

A los adultos les cuesta controlar sus impulsos y sus deseos. Por lo tanto, no es una sorpresa que los niños pequeños tienden a luchar con el mismo. Si un adulto con toda su madurez emocional no puede controlar sus impulsos, ¿cómo puedes esperar que un niño pequeño controle sus deseos o impulsos? No sólo le cuesta exhibir este control, sino que también asume que todas sus demandas serán satisfechas. Así que cada vez que se niega cualquiera de sus demandas, o cualquiera de sus deseos no están satisfechos, el niño se decepcionará. Los niños pequeños a menudo tienen dificultades para manejar sus emociones cada vez que se les dice "no". Aparte de esto, también luchan para entender la razón por la cual sus demandas no fueron satisfechas. El concepto de gratificación retrasada no existe en el diccionario de un niño pequeño.

Un niño pequeño no entiende mucho, y no tiene ninguna conciencia sobre el mundo que lo rodea. La mayor parte del comportamiento exhibido en él es debido a su curiosidad. Tenga en cuenta que su niño está tratando activamente de aprender acerca de su entorno y la forma en que las cosas funcionan y la vida. Mientras hace esto, podría ofrecerse a cruzar la línea de lo que se considera un comportamiento aceptable. Por ejemplo, podría tirar de la cola del perro porque quiere ver cómo reaccionará. O podría lanzar la cuchara a través de la habitación, para ver el tipo de sonido que hará. Todas estas cosas pueden ser una causa de molestia para los padres, aunque, desde la perspectiva de un niño pequeño, estos son actos que ayudan a satisfacer su curiosidad.

A medida que su niño comienza a crecer, se dará cuenta de su poder personal. Una vez que se da cuenta de este poder, continuará poniendo a prueba los límites de todas las cosas con las que puede salirse con la suya. No está tratando de molestarte, pero está tratando de ver el alcance de su poder.

A todos los niños les encanta la atención, y el deseo de atención de un niño pequeño es diferente a cualquier otro. Ser ignorado es algo que su niño no puede soportar. Independientemente de si la atención que recibe es positiva o negativa, la anhela. La mayor parte del comportamiento inaceptable mostrado por los niños pequeños suele ser su grito de atención. Les gusta ser duchados con atención constante. Cuando esta prestación de atención es limitada debido a cualquier razón, se involucran en tal comportamiento que cambia el enfoque de nuevo a ellos.

Otro detonante para el mal comportamiento de su niño puede ser cualquier cambio importante. Un ejemplo de un cambio importante en la vida de un niño pequeño sería tener una nueva niñera, mientras que un pequeño cambio podría ser una reducción del tiempo de juego. Cada vez que estos cambios tienen lugar, tienden a abrumar emocionalmente a su hijo pequeño. Como es incapaz de expresarse es lo que siente, recurrirá a desahogar su frustración lanzando berrinches.

Importancia de la disciplina
Incluso si usted entiende las razones por las que su niño se está portando mal, es por excelencia que usted no ignore tan mal comportamiento. Los niños pequeños necesitan ser disciplinados para que tome conciencia del concepto de bien y mal. Nunca es demasiado pronto para enseñar a su niño pequeño acerca de los comportamientos que se consideran deseables y los que están configurados para ser indeseables. Disciplinar a su niño debe ser un esfuerzo constante, y no es algo que usted debe sólo cuando se comporta mal. Debe ser coherente y seguir aplicando el comportamiento deseable si desea ver un cambio positivo.

Aquí hay un par de razones por las que debe comenzar a disciplinar a su niño pequeño.

Al disciplinarlo, usted efectivamente le está enseñando la diferencia entre el bien y el mal. Esto, a su vez, lo hace mejor equipado para entender la diferencia entre comportamiento deseable e indeseable. Aparte de esto, le ayuda a enseñarle sobre la comprensión y el manejo de sus emociones. Al disciplinar a su niño pequeño, lo está animando a cultivar hábitos deseables mientras corrige cualquier comportamiento indeseable.

Sólo cuando empieces a disciplinarlo serás capaz de establecer ciertos límites y límites a lo que debe y no debe hacer. Al disciplinarlo, puedes proporcionar efectivamente algo de estructura a su vida. Cuando empiezas a establecer reglas, estás haciendo que su vida parezca más predecible. Una vez que la vida no parezca demasiado abrumadora para su niño pequeño, estará mejor equipado para lidiar con eso. Al disciplinar a su niño pequeño, puede evitar eficazmente que se detenga en cualquier comportamiento dañino y también puede mantenerlo fuera de peligro.

Por qué lo hacen
Entre los grupos de edad de dos y tres años, los niños pequeños comienzan a darse cuenta de que son entidades diferentes de sus cuidadores o padres. Este es un momento muy emocionante para un niño pequeño. Su deseo de afirmarse es bastante alto, y este deseo a menudo los impulsa a comunicar sus gustos y aversiones junto con su necesidad de ser independientes. Bueno, tratan de ser lo más independientes posible. Sus habilidades del lenguaje están en las etapas de desarrollo, y comienzan a expresar sus deseos,

necesidades e ideas. Al mismo tiempo, les cuesta controlarse y esperar. Un niño de dos años a menudo quiere lo que quiere cuando lo quiere, y lo querrá inmediatamente. Esta es una de las razones por las que comenzará a escuchar palabras como "no", "sin cambio de pañal" o incluso "yo lo hago", muy a menudo durante esta edad.

Como padre, es su responsabilidad ayudar a su niño mientras navega por todas las emociones fuertes que comienza a experimentar. Esto no es una pequeña hazaña porque la vida emocional de un niño de dos años es bastante compleja. Si tu pequeño acaba de cumplir dos años, pronto comenzará a experimentar diferentes emociones y sentimientos como la vergüenza, la culpa, el orgullo o incluso la vergüenza por primera vez. Un niño mayor es a menudo como un adolescente. Tienden a experimentar cambios de humor salvajes. Un niño mayor podría ser feliz un segundo y luego supirar al momento siguiente. Guía y permite dos cosas que todos los niños pequeños requieren de sus cuidadores a medida que comienzan a averiguar cómo pueden hacer frente a sus emociones. Si su hijo tiene cualquiera de los siguientes, significa que está luchando con sus emociones.

- Tiende a tener crisis cuando no puedes entender lo que dice.
- Se enoja e incluso podría empezar a tirar sus juguetes favoritos.
- Cada vez que se frustra, comienza a actuar.

- Si no consigue lo que quiere, no aceptará ningún sustituto. De hecho, lanzará un berrinche debido a su incapacidad para aceptar al sustituto.

- Normalmente dice que no cuando en realidad quiere decir que sí.

Si su hijo hace lo siguiente, significa que está aprendiendo a manejar sus sentimientos.

- Comienza a usar diferentes palabras y acciones para buscar tu ayuda o atención.

- Siempre que tenga miedo o frustrado, comenzará a hablar consigo mismo en un tono tranquilizador y calmante.

- En lugar de lanzar un berrinche temperamental de unir las cosas a través de la habitación, comenzará a usar palabras de sentimiento.

- Empieza a mostrar culpa cada vez que rompe las reglas.

- Por lo general, recrea cualquier evento estresante para lidiar con lo que siente.

Disciplina apropiada para la edad

En esta sección, aprenderás sobre ciertos enfoques generales que puedes tomar para disciplinar a tu hijo pequeño de acuerdo con su edad.

Un año de edad

Un niño pequeño entre las edades de 12 meses a 18 meses apenas tiene ningún control sobre sus respuestas personales. Esto se debe principalmente al hecho de que los lóbulos frontales del cerebro todavía están subdesarrollados. El lóbulo frontal del cerebro humano es el principal responsable de regular las emociones. Dado que esta parte de su cerebro aún no está desarrollada, su niño tiende a experimentar emociones bastante extremas durante este grupo de edad. Actuar y llorar son las dos formas comunes en las que se expresa cada vez que está cansado, hambriento, incómodo, abrumado o incluso cuando necesita que le cambien el pañal.

Lo único que debe tener en cuenta cada vez que está reaccionando o respondiendo a su hijo pequeño es ser paciente. No puede expresarse y, como su cuidador, es su deber entenderlo rápidamente. Si parece que quieres algo, debes averiguarlo porque no tiene forma de decirte lo que quiere. Por lo general, la mejor estrategia que puede usar cada vez que su niño comienza a ser difícil es ofrecer una distracción. Los bebés de este grupo de edad suelen tener una breve capacidad de atención, y distraerlos es bastante fácil.

Niño de dos años

Un niño de dos años no está equipado para pensar lógicamente. Su desarrollo mental no proporciona la sofisticación necesaria para entender las consecuencias de sus acciones. En este grupo de edad, los niños pequeños están en las fases iniciales de entender y usar palabras para expresarse. Tal vez sea capaz de seguir ciertas instrucciones simples que usted da, pero es muy probable que se olvide de lo que le dijo mientras está en el medio de tratar de hacer otra cosa. Su tolerancia a la frustración es bastante baja, y su capacidad para controlar su ira es mínima. El control de impulsos no existe en esta etapa. Podría ser capaz de aprender a evitar hacer ciertas cosas, especialmente si están asociadas con ciertos resultados negativos como ser reprendido. Aparte de esto, también está empezando a afirmar un poco de control sobre ciertos aspectos de su vida y comienza a dar órdenes en esta etapa.

Su hijo pequeño todavía no entiende el concepto de lógica y razón. Por lo tanto, la mejor táctica para manejar su comportamiento indeseable en esta etapa es desviar su atención, todo usando el humor para distraerlo de hacer algo que usted quiere que haga. Si hay ciertas cosas en tu casa de las que no quieres que hable, entonces quítalas o colócalas de su alcance. Cada vez que su niño comienza a hacer cosas que no desea que haga, usted debe decirle suavemente no y redirigir su atención. Haga que sea un punto para limitar cualquier respuesta negativa o respuestas permitidas sólo hacia el comportamiento que puede dañarlo físicamente como cuando comienza a correr a la calle o intenta tocar una estufa caliente. Tendrás que seguir repitiendo reglas una y otra vez. Es posible que te canses de repetirlas, pero ten en cuenta que tu hijo pequeño no tiene la capacidad de conservar todas las reglas que le dices. Si empieza a quejarse o a lanzar berrinches sobre cosas triviales o meniales, pásalas y no le prestes atención. La mayoría de las cosas que hace en esta etapa son llamar tu atención.

Niño de tres años

La capacidad de un niño pequeño para comunicar sus deseos y necesidades es mucho mejor a medida que se acerca a la marca de tres años. Sus habilidades del lenguaje serán considerablemente más desarrolladas mientras su capacidad de pensar lógicamente todavía está en la fase de desarrollo. Habrá una mejora considerable en su capacidad para recordar las reglas, pero la mayoría de sus acciones seguirán siendo guiadas por sus impulsos. En esta etapa, la única manera en que puede enseñar a su niño pequeño acerca de la disciplina es la repetición. Esta es quizás la razón por la que a los niños de tres años a menudo les encanta escuchar la misma canción las historias una y otra vez. La repetición es la única manera a través de la cual pueden aprender. Si quieres empezar a disciplinar a tu hijo de tres años, debes seguir repitiendo las reglas una y otra vez. No sólo debes repetirlos, sino que también puedes hacer que los repita después de ti. En esta etapa, debes ser bastante consistente en la forma en que tratas con él. Si usted dice no a ciertos comportamientos suyos o hace cualquier regla del hogar, entonces asegúrese de que se está queteniendo con estas reglas. No cambies tus respuestas y no cedas a sus berrinches temperamentales. En lugar de gritarle o regañarlo, es una mejor idea deshacerse de todo tipo de objetos peligrosos de su entorno inmediato.

Si nota que su niño pequeño se involucra en cualquier comportamiento dañino o excesivo, simplemente retírelo de la situación específica durante un par de minutos. Si su hijo pequeño no puede quedrándose quieto, sosténgalo en su regazo y póngalo mientras mantiene contacto visual con él. No le grites y no le grites.

Si gritas o gritas, sólo lo asustarás. Si su niño pequeño parece molesto por el hecho de que usted está tratando de disciplinarlo, entonces no lo consuele hasta que se calme.

Técnicas Disciplinarias que debe Evitar
Aprenderá sin varias reglas para disciplinar a su niño en los capítulos siguientes. Antes de empezar, debe aprender acerca de ciertas tácticas disciplinarias que debe evitar a toda costa. El problema con la mayoría de las tácticas mencionadas a continuación es que su probabilidad de backfiring es bastante alta. Aparte de esto, no le enseñan a su hijo acerca de la conducta deseable y esencialmente podrían herir su espíritu.

Nunca debe azotar a su hijo. Hay diferentes maneras en que usted puede transmitir su mensaje de manera efectiva a su hijo. Cada vez que azotas a tu hijo, no le estás diciendo lo que es el buen comportamiento. De hecho, todo lo que hace es ofrecer una solución temporal. Después de un tiempo, su hijo podría empezar a creer que recurrir a la violencia física es una manera aceptable de hacer las cosas.

Nunca use palabras hirientes mientras disciplina a su hijo. El uso de lenguaje hiriente tiene un efecto similar en el desarrollo mental de su hijo y la disciplina de la manera en que lo hace el azote. Hace más daño que bien. Si humillas, menosprecias o lo haces sentir insignificante, simplemente se comerá su autoestima. Usted debe trabajar en disciplinar a su hijo sin dañar su autoestima. Como cuidador de un niño, es su deber ayudar a mejorar su autoestima y no erosionarla.

No debe gritarle ni gritarle a su hijo. Gritarle a su hijo no le enseña sobre disciplina o comportamiento deseable. En su lugar, simplemente intimida o asusta a su hijo. No puedes resolver ningún problema gritando, así que no modeles un comportamiento tan pobre.

Ofrecer recompensas podría ayudar a enseñarle a su hijo acerca del buen comportamiento, pero el soborno a menudo es contraproducente. Después de un tiempo, su hijo hará algo porque está esperando una recompensa por hacerlo. No le enseña a su niño pequeño acerca de las razones por las que el mal comportamiento no es deseable. En cambio, le enseña que tiene que comportarse mal un poco para salirse con la suya.

Mantenga todos los puntos básicos que se describen en este capítulo en su mente a medida que vaya a través de este libro.

Capitulo 2

Disciplinar vs. Castigar

Imagine que su hijo pone sus manos en los marcadores permanentes que guarda en un cajón en la sala de estar. Un buen día, cuando usted no está cerca, su hijo toma estos marcadores y comienza a probarlos en las paredes de su sala de estar. Se está divirtiendo mucho hasta que entras en la habitación y lo atrapas con las manos en la masa. ¿Qué harías con un niño así?

Es una tarea bastante desalentadora para todos los padres encontrar formas en las que puedan manejar a sus niños pequeños que se portan mal de vez en cuando o seguir desobedeciendo sus deseos regularmente. ¿Cuál es la estrategia de disciplina más eficaz que se puede utilizar? ¿Un helado mira al trabajo, o la necesidad de darle un tiempo de espera? ¿Está bien alzar la voz mientras habla con su hijo? Debe haber diferentes preguntas que llamen a través de su mente a medida que comienza a pensar en disciplinar a su pequeño. Cuando se trata de disciplinar a su hijo, la forma en que se moldea ese comportamiento se extiende esencialmente más allá de lo que usted dice o hace cuando se está comportando mal. La disciplina no es una actividad de una sola vez, y es un proceso continuo. Es posible que no se dé cuenta, pero es algo que sigue haciendo todo el tiempo, desde la forma en que sigue comunicándose con su hijo hasta el comportamiento que muestra. No sólo debe trabajar en fomentar el buen comportamiento, sino que también debe promover otros rasgos deseables como la independencia, los valores, la resiliencia y el buen carácter y su hijo. Es un concepto erróneo común que la disciplina es un medio para corregir el mal comportamiento de uno, y por lo general implica algún tipo de castigo.

En lugar de preguntarte sobre el mejor tipo de castigo, debes concentrarte en criar a un niño que se convertirá en un adulto al que respetas y admiras. El objetivo de la disciplina no es castigar a un niño, sino transformarlo en un adulto responsable y bien comportado. El objetivo principal de la disciplina es enseñar a su hijo, y nunca se trata de castigarlo. Cuando se trata de disciplinar a su niño pequeño, hay dos técnicas que debe utilizar. La primera técnica consiste en la crianza proactiva, que fomenta el buen comportamiento de su hijo. La segunda técnica es la crianza reactiva, que se utiliza cada vez que su hijo comienza a comportarse mal. Si desea disciplinar a su hijo, entonces el enfoque que utilice debe incluir ambas técnicas. No sólo debe tener un plan en mente para enseñar a su hijo acerca del buen comportamiento, sino que también debe tener un plan para abordar cualquier mal comportamiento que exhiba.

Disciplinar a su hijo esencialmente sirve para dos propósitos. Ayuda a establecer un entorno consistente, seguro y seguro para su hijo donde pueda aprender y entender la importancia de las reglas junto con la necesidad de límites y consecuencias de sus acciones. La segunda función es que ayuda a enseñar a su pequeño sobre el autocontrol y la autodisciplina. Estos dos rasgos le enseñarán resiliencia y le darán las herramientas necesarias para lidiar con las frustraciones de la vida y los errores que comete.

Crianza proactiva
Será más fácil para usted ayudar a su hijo a exhibir una buena disciplina durante los momentos frenéticos si usted comienza a trabajar con él durante todos esos momentos en que está tranquilo. Al hacer esto, efectivamente pasarás más tiempo enseñándole un buen comportamiento en lugar de corregirlo. Aquí hay un par de consejos que puede utilizar para incorporar el estilo de crianza proactiva.

Por lo general, hay una razón por la que los niños pequeños a menudo se portan mal. Si empiezas a hablar con tu hijo pequeño cuando está tranquilo y bien comportado, es posible que puedas averiguar la razón por la que se comporta mal. Si su niño pequeño lanza repetidamente berrinches antes de acostarse, entonces hable con él sobre este comportamiento cuando esté tranquilo. Podrías descubrir que probablemente tiene miedo de tener pesadillas o podría tener miedo de la oscuridad. Una conversación simple puede ayudar a abordar el problema. Al llegar a la raíz del problema, usted puede cambiar efectivamente su mentalidad acerca de criar a su hijo. Aparte de esto, cuando usted involucra a su niño mientras se llega a una solución para abordar el problema, usted le está dando una sensación de control junto con un sentido de propiedad sobre él. Esto ayuda a promover los sentimientos de autodisciplina en su niño pequeño.

Debes tratar de ser más autoritario en lugar de ser autoritario. Por supuesto, es por excelencia que usted establezca ciertos límites y límites para su hijo. Dicho esto, si estableces todas las reglas y luego esperas que el cumplimiento de tu niño cumpla con cada una de esas reglas, le estás enseñando a ser obediente. Ser obediente es bueno, pero también debes alentar la independencia. Su hijo debe ser capaz de pensar por sí mismo. Si dictas cada acción suya, nunca aprenderá a pensar por sí mismo. Podría ser bastante obediente durante su infancia, pero podría empezar a rebelarse tan pronto como se dé cuenta de que puede pensar por sí mismo. Para evitar cualquier confrontación innecesaria y desagradable más adelante en la vida, debes empezar a ser autoritario en lugar de ser un autoritario. Asegúrese de trabajar en equipo con su hijo y tome su ayuda cada vez que esté estableciendo ciertas reglas de la casa. Su voluntad de seguir estas reglas aumentará cuando lo involucres en este proceso.

Debe dejar muy claro que hay ciertas reglas que deben seguirse. No sólo esto, sino también dejar claro que habrá consecuencias si no se sigue alguna de las reglas se rompen. Hable con su hijo acerca de cualquier expectativa que tenga sobre el tipo de comportamiento que desea que muestre.

Siempre debe alentar a su hijo, pero debe limitar las recompensas que le da. Si sigue recompensando a su hijo por cada pequeña cosa que hace o dice, entonces las recompensas perderán su importancia. Está bien recompensar y alabar a su hijo cuando exhibe un comportamiento deseable positivo. Sin embargo, no vayas por la borda con los cumplidos o elogios que ofreces. Demasiada, y sólo alimentará el ego de su hijo. No debes exagerar demasiado sus logros ni disminuirlos.

Está bien desear la amistad de su hijo. Usted puede ser el amigo de su hijo, pero no olvide que usted es sus padres primero. Permita que su rol como padre tenga prioridad sobre el de un amigo. Como padre, usted es responsable del bienestar y desarrollo general de su hijo.

Aparte de esto, siempre debe presentar un frente unificado y modelar un buen comportamiento para que su hijo lo siga. El último paso relacionado con la crianza proactiva es que siempre debe expresar su amor por su hijo. Si su niño comienza a sentir que no es amado, entonces comenzará a actuar.

Ser reactivo
La disciplina proactiva debe ser el trampolín para disciplinar a su hijo. Si usted se concentra en la disciplina proactiva, entonces es muy probable que casi haya frenado el comportamiento indeseable de su hijo. Aún así, habrá ocasiones en las que su hijo se porte mal, y se le pedirá que intervenya y tome medidas inmediatas. Estas no son las circunstancias o situaciones en las que usted puede comenzar a dar conferencias a su hijo. En su lugar, es necesario recuperar el control de la situación y remediarla inmediatamente. Una vez que su hijo esté tranquilo, puede reiniciar una conversación sobre lo que salió mal.

Las mejores técnicas para ser reactivo mientras se trata de un niño pequeño dependeráde de su edad. No puede utilizar la misma técnica de disciplina en todos los grupos de edad. Ofrecer una distracción a un niño de 7 años podría resultar ser un medio ineficaz para enseñarle un buen comportamiento o detener su mal comportamiento. Del mismo modo, es posible que no pueda explicar lo que significa la pérdida de privilegios para un niño de dos años. Para los niños pequeños hasta la edad de 3 años, la mejor técnica para detener el mal comportamiento es ofreciendo distracciones. Por ejemplo, si usted piensa que su niño está a punto de lanzar un berrinche temperamental mientras espera en la línea de pago en la tienda de comestibles, entonces es el momento de desviar su atención. Rápidamente redirigir su atención hacia algo interesante, y se puede evitar un berrinche innecesario. Puede utilizar los tiempos de espera para rectificar cualquier comportamiento indeseable en un niño entre las edades de 3 y 6 años. Para un niño mayor que esto, puede retirar cualquier privilegio para que se comporte.

Capitulo 3

20 Regla Para Todos Los Padres

Establecer reglas y consecuencias son uno de los aspectos más importantes de la crianza. Un pecado cardinal de ser padres es permitir que su hijo se descolque porque usted piensa que es demasiado joven para entender qué significan las consecuencias o las reglas. Ningún niño nace con todas las habilidades sociales necesarias y deseables que los adultos muestran. Es la mentalidad básica de los niños. Se basa en el concepto de evolución - se trata de la supervivencia del más apto. Por lo tanto, es su deber enseñar a su niño pequeño cómo se supone que se comporta. Como padre, debeenseñarle a actuar de manera segura y apropiada, independientemente del hecho de si está a su alrededor o no. Con todo, el trabajo de los padres es sembrar la primera semilla de ser un buen ciudadano en el cerebro de su niño. Esto le recordará cómo se supone que debe comportarse. Es bastante similar a la forma en que un caballo salvaje es generalmente domesticado. Si lo hace correctamente, entonces no dañará el espíritu de su hijo. Todas las pequeñas semillas de disciplina que siembras en su cerebro florecerán lentamente más tarde, y podrás disfrutar del fruto de tus esfuerzos. Sin embargo, no esperes que el árbol crezca de la noche a la mañana, y requiere tiempo, esfuerzo constante, paciencia y mucho cuidado y amor. En esta sección, aprenderás acerca de 20

Regla que todos los padres deben seguir. Si quieres disciplinar a tu hijo pequeño, entonces estas son ciertas reglas que nunca debes romper.

#1 mandamiento: Elige tus batallas

Elige tus batallas sabiamente. Este es un consejo que no sólo es aplicable a la crianza, sino también a todos los aspectos de su vida. Si le dices repetidamente a tu pequeño "no" unas 15 o 20 veces al día, la palabra no perderá su valor. Su niño pequeño debe entender lo que la palabra no significa, y usarlo un poco demasiado liberalmente lo hará ineficaz. Por lo tanto, es por excelencia que comience a priorizar todas las ocurrencias diarias. Por ejemplo, habrá algunos comportamientos, que debe corregir inmediatamente. Entonces, habrá algunos comportamientos que son aparentemente insignificantes y pueden ser pasados por alto. Usted está esencialmente tratando de clasificar todo el comportamiento de su niño de acuerdo con su significado. Aquí hay una simple referencia de Starbucks, lo que lo dejará bastante claro. Debe clasificar los malos comportamientos de su niño en tres categorías: alta, grande y venti. Si su niño por lo general comienza a gritar cada vez que está en una llamada importante o está contestando su teléfono, entonces no empiece a decirle que no. En su lugar, comience a ignorar esta infracción. Una vez que se dé cuenta de que no puede obtener un ascenso de ti exhibiendo tal comportamiento, él cesará. La mayoría de los comportamientos exhibidos por los niños pequeños generalmente están buscando atención. Una vez que no reciba esta atención, se detendrá.

#2 Regla: Breves declaraciones

Siempre que estés hablando con tu hijo pequeño, asegúrate de que las declaraciones que usas sean breves. Limite todas las declaraciones utilizadas para disciplinar a su niño pequeño a sólo dos o tal vez cinco palabras como máximo. Más palabras que esto, y rápidamente perderás su atención. Por ejemplo, "Sin golpear" es más efectivo que decir: "Sabes que golpear a tu amigo no es agradable, ¿verdad?" La capacidad de atención de un niño es bastante breve, por lo que debe tratar de aprovecharla al máximo. Mediante el uso de oraciones breves, puede transmitir eficazmente su mensaje. No permitas que el mensaje se pierda en un sinto de palabras y en su lugar manténgalas simples, breves e inequívocas.

#3 regla: puntos ásperos comunes

Mientras se trata de niños pequeños, hay un simple hecho que usted debe aceptar- puntos ásperos son comunes. Puede haber ciertas horas del día, o incluso ciertas situaciones o circunstancias que tienden a desencadenar el mal comportamiento de su niño pequeño. Por lo general, esto se debe a cualquier cambio o transición de las actividades. Por ejemplo, hacer que su niño detenga su tiempo de juego porque es hora de comer. Tal situación puede desencadenar algún mal comportamiento, y usted debe esperarlo. Por lo tanto, simplemente dándole un aviso a su hijo, usted puede prevenir comportamientos indeseables. Por ejemplo, dígale a su hijo: "Es hora de cenar después de construir la torre de bloques". Usted está preparando mentalmente a su hijo para la siguiente actividad, y al indicarlo, será capaz de pasar a la siguiente actividad fácilmente. Si usted monitorea cuidadosamente el comportamiento de su hijo, se dará cuenta de que hay ciertas horas del día en que su hijo está más loco que usted. Haga una lista de todos estos casos y comience a darle un aviso a su hijo.

#4 regla: Distracción y redirección
Todos los padres usan esta técnica con bastante regularidad. Sin embargo, si intenta distraer a su hijo de una actividad que le gusta, eventualmente volverá a ella. Los niños pequeños suelen hacer esto para poner a prueba los límites de sus padres. Está tratando de ver hasta dónde puede empujarte antes de que ocurran consecuencias. Esto puede ser bastante frustrante, especialmente después de tratar repetidamente de distraerlo de algo. Por ejemplo, es posible que desee que su niño deje de desenrollar el rollo de papel higiénico en el baño. Cada vez que hace esto, sólo tienes que decirle que no haga esto, y luego conseguir que salga del baño con calma. Esencialmente le estás condicionando que entienda que independientemente del número de intentos que haga, la consecuencia y los límites seguirán siendo los mismos. Eventualmente, se dará cuenta. Sin embargo, si no haces esto y simplemente te rindes una vez porque estás demasiado cansado, él seguirá superando tus límites. No hagas esto, y no te rindas. No permita que su hijo lo empuje así. Constantemente padre y seguir aplicando las mismas reglas una y otra vez.

#5 Mandamiento: La prevención es la mejor cura
Una manera sencilla de mostrar a un niño pequeño es prevenir cualquier problema. Simplemente eliminando cosas como rompibles, objetos afilados o cualquier elemento decorativo

tentador del entorno de su niño reduce las posibilidades de cualquier percance. Usted debe hacer un esfuerzo consciente para evitar cualquier situación que pueda causar problemas potenciales. Por ejemplo, no intentecompletar ese último mandado cuando sepa que ya ha pasado su hora de acostarse. Del mismo modo, es una mala idea llevar a su niño hambriento a una tienda de dulces. Otra forma sencilla de reducir la probabilidad de cualquier pelea es ofreciendo recordatorios útiles y suaves antes de cosas que no puedes controlar. Si usted sabe que su niño tiende a salpicar agua fuera de la bañera mientras toma un baño, aquí hay una cosa simple que puede hacer. Con calma recuerda al niño pequeño: "Si empiezas a salpicar agua, entonces el tiempo de baño terminará, y tendrás que salir de la bañera". Esta es una regla muy simple a seguir, y al recordarle a su niño pequeño acerca de las reglas preestablecidas, puede evitar percances innecesarios.

#6 Regla: Establecer Consecuencias

Debe establecer ciertos límites y llegar a consecuencias si no se cumplen esos límites. Usted debe enseñar a su niño pequeño acerca de los resultados naturales o las consecuencias de su comportamiento son. Se trata de explicar la relación causa-efecto con él. Por ejemplo, si siempre es inflexible en elegir su ropa de dormir, entonces también está olvidando efectivamente su derecho a leer libros antes de acostarse. La causa en este ejemplo es su comportamiento inflexible acerca de la selección de su pijama. El efecto de esta causa es que no hay tiempo para una historia antes de acostarse. Por lo tanto, la próxima vez, él entenderá automáticamente que él tiene que seleccionar rápidamente es ropa de noche o debe permitirle hacer lo mismo.

#7 mandamiento: No cedas

Lidiar con conflictos nunca es divertido, y a nadie le gusta interpretar al policía malo en una situación. Es posible que haya visto situaciones en las que un niño pequeño lanza un berrinche, y para simplemente callarlos y evitar hacer una escena en público, el padre se complace con la demanda del niño pequeño. ¿Qué mensaje crees que recibe el niño en tal situación? El niño pequeño automáticamente llegará a suponer que si lanza un berrinche cuando quiere algo, sus padres lo obligarán. Bueno, este no es el mensaje que quieres enviarle, ¿verdad? Usted nunca debe ceder a las demandas irrazonables de su niño sólo para evitar un conflicto. Si ha decidido que su niño no puede tener el cereal azucarado del que ha oído hablar en la televisión, a continuación, seguir con su decisión. Usted será sin duda feliz más tarde. Si usted tomó una decisión sobre algo, especialmente cuando está relacionado con el bienestar de su niño, apéguese a sus armas. Si sigues disfrutando de sus caprichos y fantasías, él comenzará a dar esto por sentado. Al hacer esto, también está haciendo difícil disciplinar a su niño pequeño. Si usted está tratando de enseñarle buenos modales, entonces disciplinarlo es necesario. Si lanza un berrinche, debe entender que su comportamiento es inaceptable. En lugar de disciplinarlo, si se entregan a sus demandas, nunca aprenderá esta lección. Este patrón seguirá repitiéndose una y otra vez, y con el tiempo, empeorará. Para evitar todo esto, nunca ceda a los berrinches de su niño pequeño.

#8 Comportamiento: Búsqueda de atención

Por lo general, los más pequeños tienden a actuar cada vez que sienten que están recibiendo su atención indivisa. El niño pequeño puede lanzar un berrinche mientras usted está cocinando en la cocina o está respondiendo a una llamada. Si empieza a llorar, gritar o hacer cualquier otra cosa, entienda que todas estas cosas son simplemente su manera de buscar su atención. Los niños pequeños muestran un comportamiento que llama la atención, y la forma en que lo tratas esencialmente establece el tono para su comportamiento futuro. Como padre, debe anticipar su comportamiento de búsqueda de atención. Una vez que hagas esto, indagar alternativas u otras distracciones para mantenerlos ocupados mientras estás ocupado. Habrá ciertas horas del día en las que estarás involucrado en otro trabajo y tal vez no puedas darle la atención que desea. En tales casos, ofreciéndole algo de entretenimiento, o una alternativa, puede mantenerlo comprometido. La lección para llevar a casa aquí es que si no le das a tu niño algo que hacer cada vez que estás ocupado, él encontrará algo más que hacer, y los resultados podrían no ser siempre bonitos.

#9 regla: El comportamiento importa

Como padre, obviamente tendrá que lidiar con ciertos comportamientos indeseables que su niño se le ocurra. En tales casos, usted debe lidiar con dicho comportamiento indeseable y no hacerlo acerca de su hijo. Su hijo y el mal comportamiento que exhibe son dos cosas diferentes, y usted debe tratarlos como dos problemas separados. Si su hijo se involucra en conductas indeseables, entonces dígale que su comportamiento es indeseable o malo. No le diga a su hijo **que** es malo. ¿Ves la diferencia entre estas dos cosas? Puede que no parezca mucho, pero si le dices a tu hijo que es malo, podría herir su espíritu. Su hijo nunca debe empezar a dudar de su amor por él. Siempre dígale a su hijo que lo ama, pero no le gusta su comportamiento. Todos los padres deben ser conscientes de la forma en que hablan con sus hijos.

#10 **Regla: Permita que su hijo elija**

No debe negarle a su hijo su derecho a elegir. Después de todo, a todos nos gusta tener opciones en la vida, ¿no? Del mismo modo, incluso a su hijo le gusta lo mismo. Si no permite que su hijo elija, él llegará a creer que sus opiniones no importan o que nunca puede ser libre, y usted siempre será el que tenga el control. Al darle un poco de sentido de control, puede comenzar fácilmente a crear un comportamiento positivo. Mientras haces esto, hay una cosa que debes tener en cuenta; no debes abrumarlo con demasiadas opciones. A lo sumo, dale dos opciones. Y las opciones que le das deben estar relacionadas con las cosas que deseas lograr. Por ejemplo, puede decirle a su hijo: "Es tu elección, puedes poner tu abrigo primero o en tu gorra". En este caso, usted quiere que su hijo haga ambas cosas, pero usted le da la opción de decidir lo que quiere hacer primero. Este simple ajuste en su estilo de crianza sin duda ayudará a disciplinar a su hijo en el futuro.

#11 **Regla: Buen Comportamiento**

Todos somos bastante buenos para detectar comportamientos malos o indeseables. De hecho, usted puede fácilmente caer en el hábito de reaccionar al comportamiento indeseable de su hijo, intervenir constantemente y corregirlo cada vez que hace algo mal. Es un niño pequeño, y obviamente cometerá algunos errores. Sin embargo, sus posibilidades de éxito aumentarán significativamente mediante el uso de refuerzo positivo. Tenga en cuenta que a su hijo le encanta su aprobación y la valora más que cualquier otra cosa. Después de todo, la mayoría de las cosas que hace son para llamar tu atención. Si es capaz de obtener su aprobación cada vez que hace algo, seguirá repitiendo ese comportamiento una y otra vez. Por lo tanto, no sólo debe corregir a su hijo cuando se está comportando incorrectamente, sino que también debe alabarlo cuando se comporte bien. Cada vez que haga algo que usted quiere que haga, darle un abrazo; dile que lo amas. Aparte de esto, también puedes ofrecer elogios diciendo algo como: "Me encanta cómo vuelves a poner tus juguetes en su lugar después de jugar con ellos", o "Eso fue muy amable de tu parte compartir tus juguetes con tu amigo". Un poco de refuerzo positivo de vez en cuando hará que su hijo se sienta bien también. También le dará una idea clara de lo que debe y no debe hacer.

#12Mandamiento: No grites

Cualquier mensaje disciplinario que intente transmitir a su hijo será más eficaz cuando lo entregue racional y tranquilamente. Esto ciertamente es más fácil decirlo que hacerlo. Podría ser muy difícil controlar tu ira si tu hijo de dos años ha garabateado por toda la pared de la cocina usando un rotulador permanente. Es una reacción natural alzar la voz cada vez que estás enojado o molesto. Sin embargo, cuando gritas, no solo hace que un niño se sienta degradado, sino que también estás exhibiendo un mal comportamiento. Además, si empiezas a gritar mucho, tu niño podría empezar a afinarte o empezar a pensar que es gracioso verlo. De hecho, podría recurrir a un comportamiento travieso para simplemente hacer que reacciones. Al mismo tiempo, si transmites tu mensaje demasiado suavemente, tendrá el mismo efecto que gritar. Si suena incierto, o demasiado suave, su hijo comenzará a darle por sentado. Si su hijo comienza a rebotar en la cama, entonces usted no debe solicitarle que duerma, sino que debe ponerlo en la cama. Entonces, si dices algo como, "Cariño, ¿quieres dormir ahora?" es una mala idea.

No tienes que ser el más ruidoso de la habitación para ser escuchado. Muchos padres recurren a gritar cada vez que atrapan al niño haciendo algo que no quieren que haga. Evite hacer esto a toda costa. No le grites ni le grites a tu hijo. No servirá para ningún propósito, y simplemente te quedarás con una garganta ronca al final. Al modular su voz y cambiar su tono, usted puede transmitir el mensaje a su hijo. Si has visto la película, El Padrino, te darás cuenta de que Don Corleone nunca gritó claramente o gritó para transmitir su punto a través. Por lo tanto, empezar a modular su tono para expresar su disgusto.

#13 Mandamiento: Respuesta Inmediata
Los niños, especialmente los niños pequeños, tienen un lapso de atención muy corto. Si desea disciplinar a su niño pequeño, debe actuar inmediatamente. Si no lo haces, probablemente se olvide de lo que haya ocurrido. De hecho, no es sorprendente si ni siquiera recordará por qué está en problemas después de 5 minutos de mal

comportamiento. Debe responder inmediatamente. Hay una diferencia entre la respuesta y la reacción y aprender a hacer esta distinción. Las respuestas son a menudo calculadas y tranquilas, mientras que su reacción es impulsiva. Reina en tus impulsos y responde con calma a lo que hace tu hijo.

#14 Regla: Modelo Buen Comportamiento
El comportamiento que exhibe un niño a menudo se basa en el comportamiento que ve a su alrededor. Debe tener en cuenta que su hijo lo está observando constantemente y aprendiendo de su comportamiento. Si su hijo nota que usted mantiene la calma incluso mientras está enojado o bajo mucha presión, aprenderá el mismo comportamiento. Si se da cuenta de que tiendes a gritar cuando estás molesto, también comenzará a copiar este comportamiento. Ten en cuenta que siempre te está observando. Por lo tanto, es por excelencia que empiece a modelar un buen comportamiento. Si desea que su hijo se comporte de una manera específica, usted comienza a mostrar el mismo comportamiento, y su hijo se dará cuenta rápidamente. Si su hijo lo atrapa lanzando el teléfono a través de la habitación después de una llamada telefónica, podría pensar que tal comportamiento es aceptable. En su lugar, si hablas tranquilamente de las razones por las que estás molesto, él tomará la señal.

#15 regla: Tiempos de espera
Los tiempos de espera son una gran manera de enseñarle a su hijo la diferencia entre comportamientos deseables e indeseables. En un tiempo de espera, debe colocarlo en un lugar específico como la

silla traviesa o un área de tiempo de espera específica. Un tiempo de espera puede durar entre dos y cinco minutos. El tiempo de espera debe durar un minuto de edad. El tiempo de espera para un niño de dos años sería de dos minutos, tres minutos para un niño de tres años, cuatro minutos para un niño de cuatro años, y así sucesivamente. Mientras esté en el tiempo de espera, usted no debe prestarle atención a su hijo. Esencialmente debes ignorarlo a él y todo lo que dice o hace.

Todos los padres deben asegurarse de que el lugar de tiempo de espera que ha elegido para su hijo sea seguro. Los niños pequeños, especialmente los menores de dos años, tienden a empezar a patear y gritar. Por lo tanto, asegúrese de que el lugar en el que lo coloca para un tiempo fuera de espera es seguro y no tiene ningún objeto que pueda hacerle daño. Su respeto por la seguridad personal es casi insignificante, y su bienestar y seguridad son sus responsabilidades. Aprenderá más sobre las reglas de un tiempo de espera adecuado en los capítulos siguientes.

#16 Mandamiento: Trátalo como un adulto
A nadie le gusta que le den clases. Un niño en medio de un berrinche no entenderá lo que usted está diciendo. De hecho, tal vez ni siquiera quiera escucharte en ese momento. Si su hijo lanza su comida al otro lado de la habitación, entonces en lugar de darle un conferenciado sobre cómo no debe tirar comida, simplemente retírelo de la mesa de comedor. Una vez que hagas esto, no lo dejes volver a esa zona por el resto de la noche. Trate a su hijo como un adulto, especialmente mientras frena comportamientos indeseables.

Puede que le lleve algún tiempo entenderlo, pero lo entenderá rápidamente. Si su hijo estropea sus juguetes mientras juega, no le dé lecciones sobre cómo no debe estropear sus costosos juguetes. No te lo harás. En su lugar, dile que el tiempo de juego ha terminado y no le permitas jugar con sus juguetes por el resto de la noche. La próxima vez que reciba sus juguetes, será más cuidadoso. Puede que tengas que hacer esto un par de veces hasta que reciba el mensaje. Sé paciente y no te frustres.

#17 Regla: Cambiar Estrategias
A medida que su hijo crece, la forma en que usted lo enfrenta también debe cambiar. La forma en que lo manejaste, sus berrinches de temperamento cuando tenía 16 meses de edad no funcionará nacuando tenga tres años. Debe cambiar las estrategias que utilice. Cambiar las estrategias es por excelencia porque su hijo también comienza a entender las técnicas que usted usa. De hecho, después de un tiempo, llega a esperarlos. Una vez que conozca su libro de jugadas, las técnicas quedarán ineficaces. No te sorprendas si algo funcionaba como magia cuando era más joven, y no funciona ahora.

#18 Regla: Nunca Negocie
Nunca negocie con su hijo para frenar su mal comportamiento. Si su hijo está lanzando un berrinche, entonces no se ofrezca a comprarle un juguete o una barra de chocolate si deja de llorar. No lo sobornes para que se comporte bien. Muchos padres parecen pensar que esto funciona. Podría funcionar inicialmente, pero después de un tiempo, su hijo armará esto en su contra. Empezará a

pensar que puede salirse con la suya lanzando un berrinche. Después de todo, usted ha sentado un precedente para alentar ese pensamiento. Podría empezar a pensar: "Mamá me permitirá jugar un rato más si empiezo a gritar", o "Papá comprará ese juguete si empiezo a patear y llorar en la tienda". Al disfrutar de las negociaciones, simplemente terminará creando un niño cuyo buen comportamiento viene con una etiqueta de precio considerable. Si no quieres que tu hijo se convierta en como la bratty Veruca Salt de Charlie y The Chocolate Factory, no negocie con él.

#19 Mandamiento: Amarlo

Su hijo debe sentirse amado. Puedes disciplinarlo y corregirlo cada vez que se equivoque, pero nunca debe sentirse sin amor. Si acaba de hablar con su hijo sobre cualquier comportamiento indeseable que estaba presentando o hablar sobre disciplina, termine con una nota positiva. Cuando usted hace esto, esencialmente le está diciendo a su hijo que la discusión ha llegado a su fin, y usted la está dejando ir. Aparte de esto, también ayuda a reforzar la razón por la que has establecido ciertos límites relacionados con su comportamiento - porque lo amas.

#20 regla: Sin azotes

La nalga no es la respuesta a las dificultades de comportamiento mostradas por su hijo. Muchos padres a menudo pierden la paciencia mientras tratan con sus niños pequeños. Tenga en cuenta que usted es un adulto, y no puede permitirse comportarse como un niño. Usted puede transmitir su mensaje a su hijo de manera efectiva sin azotarlo. Si azotas a un niño cuando te molesta, esencialmente le estás diciendo que está bien recurrir a la violencia física o usar la fuerza. Después de todo, también te ve haciendo lo mismo. Los niños tienden a poner a prueba la paciencia de sus padres. Esto no sólo es normal, sino que debe esperar lo mismo. Esas serán las veces que sigue presionando tus botones, y no te queda paciencia. Si crees que estás a punto de perder la calma, es hora de tomarte un descanso de toda la situación. Una vez que estés tranquilo, podrás leer mejor la situación. Usted puede analizar cuidadosamente el comportamiento de su hijo y entender por qué está recurriendo a un comportamiento manipulador. En lugar de azotar a su hijo, inste diferentes maneras en las que usted puede disciplinarlo fácilmente.

Siempre tenga en cuenta estos regla simples mientras trata con su hijo pequeño. Habrá momentos en los que te sientas bastante frustrado, pero recuerda que esto también pasará. Su hijo todavía está aprendiendo y puede que no aprenda o entienda tan rápido como usted lo desea. Bueno, eso está bien, y es normal. Después de todo, Roma no fue construida en un día. Se requiere cuidado constante, amor, consistencia, esfuerzo y mucha paciencia. Una vez que comience a seguir estas reglas de manera consistente, verá un cambio positivo en el comportamiento de su hijo.

Capitulo 4

Reglas Esenciales de la Paternidad

Supongamos que Adam, de tres años, ve un juguete que realmente quiere en la tienda, y su madre sugiere que lo escribirán en su lista de deseos de cumpleaños. Una vez que estén en casa, tome nota de ello. Adam no le da un ataque porque sabe que su madre lo está escuchando y ha tomado nota de lo que quiere. Al mismo tiempo, su madre no está espeleándose y creando un gran monstruo que lo quiere todo. ¿Qué entiendes de este ejemplo? Bueno, esencialmente muestra cómo debe responder a la forma en que se comporta su niño pequeño. La forma en que reaccionas a su comportamiento esencialmente da forma a sus acciones futuras. Ahora viene la parte difícil, cómo enseñar conceptos intrincados como modales y comportamiento a un niño que no entiende completamente conceptos intrincados como empatía, compartir o modales. No sólo esto, pero ni siquiera entiende el significado de la seguridad personal. ¿Cómo puede enseñar esos conceptos a alguien que no puede comunicar lo que él siente o piensa?

Para empezar, necesitará mucha paciencia y práctica. Aparte de esto, comience a seguir las reglas simples de crianza que se describen en esta sección. Una vez que comience a seguir estas reglas, verá que puede haber tenido un niño tiránico, pero se ha convertido en un preescolar muy maravilloso y agradable.

Regla #1: Ser un equipo

Si socavas a tu pareja o si no presentas un frente unificado a tu hijo pequeño, no le estás haciendo ningún favor a tu hijo. No creas que tu hijo te amará más si socavas a tu pareja. Al hacer esto, esencialmente lo confundes y reduces cualquier respeto que tenga por los dos. Nunca socave la autoridad de su pareja frente a su hijo. Todos los cuidadores en la vida de su hijo deben presentar un frente unificado. Una vez que su hijo entienda que su pareja o la autoridad del otro cuidador no importa tanto como la suya, continuará empujando los límites que usted estableció.

Incluso si es un único padre, esta regla todavía se aplica. Si hay alguien más que es responsable del bienestar de su hijo, todas las partes involucradas deben presentar un comportamiento consistente. Por ejemplo, si sus padres cuidan de su hijo cuando usted está de vacaciones, sus proveedores de guardería, o incluso sus niñeras deben llegar a un entendimiento sobre el comportamiento deseable e indeseable. Como padre, es su responsabilidad hacer que su hijo se sienta seguro y seguro. Así que deben respaldarse mutuamente. No siempre puedes interpretar al buen policía mientras esperas pensar que alguien más debe interpretar el papel del policía malo. Al hacer esto, usted esencialmente está estableciendo límites claros que su hijo llegará a respetar. No sólo esto, sino que también será más feliz y más seguro.

Habrá ciertos momentos en los que no necesariamente estarás de acuerdo en todo. Para evitar conflictos relacionados con el estilo de crianza, debe establecer una regla simple. Diga lo que diga un cuidador, el otro debe retroceder si se le pregunta. Por ejemplo, "Si mamá dice que no, entonces la respuesta es no". Lo importante que debe entender es que, aparte de cualquier cosa importante que deba haber acordado de antemano, el hecho de que ambos estén de acuerdo es más importante de lo que están de acuerdo. Si su hijo llega a creer que usted estará de acuerdo con lo que sus demandas sean independientemente de lo que diga la otra pareja, siempre vendrá a usted. No sólo esto, también comenzará a socavar la responsabilidad de su compañero. Para evitar todo esto, siempre presente un frente unificado. Usted puede resolver sus desacuerdos más tarde, pero nunca delante de su niño pequeño. No se trata sólo de establecer una regla, sino que también debes atenerte a ella.

Regla #2: Consistencia
Si usted hace una regla relacionada con su hijo, debe apegarse a ella. Una regla no tiene ningún sentido si no la aplicas de forma coherente. Un niño se confunde fácilmente cada vez que hay incoherencias. Si estaba bien que su hijo hiciera un lío después de jugar con sus juguetes la semana pasada, ¿por qué está molesto ahora mismo por el mismo comportamiento?

Una vez que establezca cualquier regla, debe seguir con ella de una manera predecible. Si usted dice que el tiempo de juego llega a su fin después de que va por la diapositiva una o dos veces más, a continuación, apéguese a él. No te rindas, y no esperes a que haga otras cinco rondas. Al hacer esto, esencialmente le estás diciendo que está bien no escucharte y que él puede seguir probando tus límites. Si no quieres que te desobedezca la próxima vez y quieres que te tomen en serio, entonces debes atenerte a las reglas. Habrá momentos en los que mantener la coherencia no será posible, y eso está bien. Habrá ciertas excepciones y usted puede tratar con ellos en consecuencia. Por ejemplo, usted podría hacer una regla de que un niño debe comer todos los refrigerios junto con sus comidas sólo en la mesa del comedor. Ahora, si sus amigos han terminado para una cita de juego, entonces todos podrían terminar sentados en la sala de estar para comer sus bocadillos. En tal situación, está bien hacer una excepción. Puede que no te guste cuando tu hijo rebota en la cama, pero si es un día lluvioso y ha estado atrapado dentro de la casa todo el día, entonces podría estar bien. Cada vez que hagas tal desviación, debes explicarle las razones. Debe entender que una desviación está bien en ciertas ocasiones especiales, y no debe hacer una norma de ella.

Si no hay consistencia, entonces su hijo no tendrá idea sobre el tipo de comportamiento que es aceptable. Podría empezar a creer que hay algún patrón o criterio secreto que no está al tanto. Cada vez que está a punto de hacer algo, no estará seguro de si habrá alguna consecuencia para su comportamiento o no. Debido a esta incertidumbre, incluso podría pensar que está bien correr el riesgo y ver por sí mismo. Su hijo juzga si un comportamiento es aceptable o no basado en sus reacciones en el pasado al mismo comportamiento.

Regla #3: Condenar su comportamiento
Usted está habilitando a su hijo cada vez que lo llame perezoso, travieso, estúpido, cálculo, egoísta, o cualquier otra cosa a lo largo

de estas líneas. Si su hijo comienza a creer en la etiqueta que le ha dado, comenzará a vivir a la hora. Bueno, los niños a menudo creen lo que los adultos les digan, así que ten en cuenta el lenguaje que usas a su alrededor. Si usted comienza a llamar a su hijo perezoso, él pensará que no tiene sentido hacer ningún esfuerzo porque sus padres ya piensan que es perezoso. Si sigues llamándolo travieso, podría consentirte en un comportamiento travieso porque sabe que crees de todos modos que es travieso. Esto podría no ser un proceso de pensamiento consciente, especialmente cuando es joven, pero con el tiempo, se convertirá en su comportamiento general.

En lugar de etiquetar a su hijo, debe condenar cualquier comportamiento indeseable que represente. No debes condenarlo, sino su comportamiento. Por ejemplo, si su hijo grita a alguien, usted puede decir: "Fue muy grosero de su parte empujarla". Cuando dices esto, sólo estás condenando su comportamiento y diciéndole que su comportamiento fue grosero. No lo estás etiquetando, pero efectivamente estás etiquetando su comportamiento como indeseable. Si usted tiene alguna opinión sobre la personalidad de su hijo, no empiece a discutir todo esto delante de él con nadie más.

Las reglas para usar etiquetas positivas son muy diferentes. Si la etiqueta positiva que está usando es precisa y genuina, entonces actuará como un factor motivador, y su hijo mostrará un comportamiento positivo. Sin embargo, tenga en cuenta que usted no está presurizando necesariamente a su hijo obligándolo a cumplir ciertas expectativas que tiene en su cabeza. Utilice etiquetas positivas solo cuando sean verdaderas. También puede empezar a usar etiquetas positivas para reforzar el buen comportamiento mientras condena el comportamiento indeseable. Por ejemplo, diciendo algo como: "Creo que eres un niño educado y bien comportado. Me sorprendió bastante cuando se comportó bastante groseramente. Al decir esto, le estás diciendo que su comportamiento fue grosero mientras le aseguras que no piensas mal de él. Mientras haces esto, especialmente cuando estás usando frases tan largas, asegúrate de que tu hijo sea capaz de entender lo que le estés diciendo.

Regla #4: Está bien disculparse
Una cosa que debe haber entendido a estas alturas es que su hijo se comportará de la manera en que se comportará. La forma en que usted se comporta tiene un impacto significativo en el comportamiento de su hijo. Si usted no quiere que su hijo pierda los estribos, o mantenga su calma, entonces usted debe comenzar a modelar el mismo comportamiento. Si desea que su hijo sea más educado, entonces debe comenzar a ser educado con los demás. Ahora, esto nos lleva a otro aspecto de su comportamiento - su capacidad para disculparse. Este parece ser un aspecto con el que muchos padres parecen tener problemas. Probablemente se deriva de la creencia de un padre de que al admitir que están equivocados o han cometido un error, alentará a su hijo a socavar su autoridad. O peor aún, algunos padres parecen pensar que al disculparse, efectivamente socavarán la confianza que su hijo tiene en ellos.

Cuando se disculpa, le está demostrando a su hijo que no es perfecto. Bueno, tarde o temprano, su hijo lo resolverá por sí mismo. Entonces, ¿cuál es el daño si llega a saber esto un poco antes? A todos los padres les gusta sentirse como un superhéroe, especialmente con sus hijos. Dicho esto, todo ser humano tiene ciertos defectos. ¿Y si tienes algún defecto? Cada vez que cometas un error, acepta fácilmente tu error y asuman la responsabilidad de lo mismo. No te menosprecia si aceptas tu error. Se necesita mucho coraje y fuerza para reconocer los errores y corregirlos. Al asumir su responsabilidad y aceptar su culpa, usted está enseñando a su hijo a ser fuerte. Después de todo, todo el mundo comete errores, y no hay nada de qué avergonzarse. Una vez que usted es consciente de su error, arreglarlo se vuelve más fácil. Al hacer esto, estás quitando cualquier verguenza asociada con cometer errores. Por lo tanto, cada vez que su hijo cometa un error, su primer instinto será disculparse inmediatamente por lo mismo.

Regla #5: Las consecuencias
Bien, supongamos que tuviste una pelea con tu hijo pequeño. Podrías o no haberlo manejado como se suponía. Dado que su hijo se estaba comportando mal, supongamos que lo puso en la silla de tiempo de espera o lo envió a su habitación por un tiempo de espera. La forma en que tratas las secuelas de una pelea así es tan importante como el conflicto en sí. Muchos padres no saben cómo lidiar con las secuelas del conflicto. ¿Cómo reaccionará cuando su hijo vuelva a sentirse apologético o malo por la forma en que se comportó? ¿Hablarías con calma con él o volverías a hacer la misma discusión? Si usted va con este último, entonces usted

simplemente hará que su hijo defense una vez más, y el conflicto se reanudará. Por otro lado, hay algunos padres que se niegan a hablar con el niño o incluso comienzan a enfadarse por un tiempo.

Como padre, usted debe aprender cómo lidiar con las secuelas de una manera positiva. Si usted se acuestó en él de nuevo acerca de lo mal que se comportó, o darle el tratamiento silencioso, usted no está permitiendo que su hijo deje de sentirse mal o llegar a un acuerdo con cualquiera que haya sido su error. Por ejemplo, no responda con: "No se trata de una disculpa. No debe shacer esto de nuevo", cuando su hijo se disculpe. A estas alturas, debe sentirse muy culpable por su mal comportamiento y se está disculpando por ello. Acepte la disculpa y déjelo entrar. Lo único importante es que su hijo debe saber que usted todavía lo ama. También debe creer que al ofrecer una disculpa y al cambiar su comportamiento, está haciendo lo correcto. Si empieza a pensar en estas cosas como inútiles, dejará de intentarlo. Una vez que el conflicto llegue a su fin, haga que sea un punto para decirle a su hijo que lo ama, y darle la bienvenida de nuevo en sus brazos con un cálido abrazo. Dile que aprecias realmente su disculpa y su habilidad para reconocer el error cometido.

Regla #6: Ser firme
Usted podría ser tentado a mimar a su pequeño; después de todo, él es tu hijo. Sin embargo, si sigues cediendo a sus demandas, no puedes esperar que siga las reglas que establezcas. Una regla importante de la crianza es ser firme. Por ejemplo, si su hijo quiere un juguete cuando está en la tienda y usted no quiere comprarlo,

entonces apéguese a su decisión. Si te rindes una vez, siempre esperará que le compres un juguete la próxima vez que visites la tienda.

Usted puede complacer a su hijo, pero la falta de firmeza será rápidamente contraproducente. Un límite que no se aplica de forma coherente no tiene ningún sentido. Si usted no es firme, entonces usted simplemente va a confundir a su niño pequeño sobre el tipo de comportamiento que espera de él. No pienses que lo hará sentir liberado; de hecho, le hará sentir bastante confundido. Si tu estilo de crianza es demasiado indulgente, entonces empezará a tomarte ventaja indebidamente. Pronto aprenderá el truco y presionará todos sus botones para salirse con la suya. Usted debe dejar abundantemente claro a su hijo que usted es el que está a cargo!

Regla #7: Ser realista

Usted debe ser realista sobre el tipo de comportamiento que puede esperar de su niño pequeño. Es imposible hacer que un niño de un año y medio se quede quieto durante una hora mientras la familia cena. Puedes darle la calma y dejar que corra un poco, siempre y cuando tenga cuidado. A medida que su hijo crece, usted puede aumentar sus expectativas. Por ejemplo, no puedes esperar que un niño de un año use palabras como "Gracias", "Lo siento" o "Por favor", pero ciertamente puedes esperar que un niño de dos años use estas palabras doradas.

Al trabajar en la disciplina de su niño pequeño, debe recordar que usted está haciendo dos cosas - enseñarle sobre el buen comportamiento y enseñarle acerca de lo que otros esperan de él y lo que puede esperar de ellos.

Capitulo 5

Reglas Diferentes Para Aplicar

Tipos de reglas

Un amigo tuyo podría permitir que sus hijos salten al sofá, pero podrías decidir que eso no es deseable en tu casa. O tal vez a sus hijos se les permite correr por tu casa, pero es un estricto no-no en casa de sus abuelos. Por lo tanto, es vital que establezca reglas específicas para el hogar para su niño pequeño. Estas reglas le permitirán entender qué tipo de comportamiento está bien y qué está completamente prohibido. Al establecer reglas específicas, puede reducir significativamente cualquier problema de comportamiento mientras lo disciplina eficazmente. Las reglas le ayudarán a sentirse seguro y protegido en cualquier entorno. Cuando se siente seguro, su capacidad para entenderte y exhibir un buen comportamiento aumenta. Sin embargo, nunca debe establecer demasiadas reglas. Demasiadas reglas podrían convertirse en un obstáculo para su desarrollo. Independientemente de la edad de su hijo, necesita reglas, y aquí hay cinco tipos de reglas que debe establecer.

Reglas para la seguridad

Las reglas para la seguridad no son sólo sobre seguridad física, sino también seguridad emocional. Los ejemplos de reglas relacionadas con la seguridad física pueden incluir una regla como "No saltar sobre los muebles" o "Nunca contestes la puerta cuando mamá no está cerca". Las reglas del hogar para la seguridad emocional podrían ser: "Mientras seas respetuoso, puedes compartir tus sentimientos", "Solo usa palabras amables mientras hablas" o "No uses lenguaje sucio". Cuando su hijo se siente seguro y protegido, puede concentrar toda su energía en explorar sus talentos sin dañarse a sí mismo.

Reglas para hábitos saludables
Tener una rutina y estructura preestablecidas permite al niño hacer lo mejor que pueda. Por lo tanto, usted debe llegar a las reglas para ayudar a su niño pequeño a formar hábitos diarios. Un ejemplo de estas reglas podría ser, "Siempre pon tu ropa sucia en la cesta de la ropa", o "Cepilla tus dientes antes de ir a la cama". Al establecer ciertos hábitos saludables, así como rutinas, puede reducir las posibilidades de cualquier lucha de poder innecesaria. Cuando su niño pequeño sabe lo que se supone que debe hacer, reduce los argumentos innecesarios. Por ejemplo, si su hijo sabe que tan pronto como regrese a casa, debe quitarse los zapatos y mantenerlos a un lado o se supone que se lave los dientes tan pronto como se despierte por la mañana, reduce las posibilidades de mal comportamiento.

Reglas para la moralidad
Un niño es como una pizarra limpia. Inculcar moral y valores en él es tu responsabilidad. Al crear reglas relacionadas con la moralidad, puedes conectar valores específicos o morales en su cabeza. Las reglas simples relacionadas con la moralidad incluyen cosas como,

"Siempre decir la verdad", o "Disculpa cada vez que cometes un error". No solo debe crear estas reglas para su hijo, sino que también debe modelar el buen comportamiento. Usted debe recordar que estas reglas son aplicables a usted también y a todos los cuidadores en la vida de su hijo. Es más probable que su hijo aprenda de la forma en que usted se comporta que de las palabras que usted dice.

Reglas para el mundo real

Es su responsabilidad como padre preparar a su hijo para el mundo real. Por lo tanto, es obvio que necesitará ciertas reglas que lo prepararán para convertirse en un adulto responsable. Crea y aplica reglas para enseñarle habilidades de vida que serán útiles cuando salga de casa. Las diferentes reglas que debe idear dependerán principalmente del temperamento de su hijo. Hay algunos niños que naturalmente están inclinados a comportarse de manera más responsable y mantenerse motivados, mientras que otros podrían necesitar ayuda adicional para hacer lo mismo. Por ejemplo, al establecer ciertas reglas relacionadas con las tareas del hogar y manejar el dinero preparará a su hijo para la edad adulta. Dé a su hijo tareas específicas pero simples como guardar sus cosas después de jugar o poner su ropa sucia en la cesta de la ropa. Si lo desea, también puede darle una asignación para realizar estas tareas. No sólo le ayuda a entender acerca de la responsabilidad, sino también sobre la gestión del dinero. Una vez que empiece a ganar una asignación, puedes enseñarle sobre ahorrar y gastar sabiamente. Sin embargo, si le das una asignación para hacer una tarea en particular, asegúrate de no estar creando el hábito del soborno. Su hijo no debe sentir se siente que tiene derecho a una asignación por simplemente hacer tareas domésticas específicas.

Reglas para las habilidades sociales

Las habilidades sociales no son naturalmente para los niños, y es algo que debe sobra en el desarrollo. Por ejemplo, reglas simples como animarlo a compartir juguetes con otros, o turnarse mientras juega con sus hermanos le enseñarán las reglas apropiadas para la interacción social. No sólo debe llegar a estas reglas, sino que también debe aplicarlas consciente y consistentemente. Como se mencionó en la sección anterior, no hay interrupción de la crianza. Como niño pequeño, él no sabe mucho acerca de las habilidades sociales, y es su deber enseñarle sobre el comportamiento socialmente aceptable y las habilidades sociales.

Siempre que establezca reglas, las reglas deben ser breves, fáciles de entender y seguidas de forma coherente. Antes de que puedas llegar a las reglas, piensa en todas las cosas que son importantes para ti, tu familia y el hogar en general. Asegúrese de que las reglas que establezca también sean apropiadas para el desarrollo para su hijo pequeño. No puedes esperar que tu hijo de dos años tenga la madurez mental de un niño de 10 años. Por lo tanto, las reglas que establezca también deben estar de acuerdo con su edad. Por ejemplo, es posible que no te guste la idea de desperdiciar comida, pero establecer una regla como" no tirar comida" no funcionará si tienes un niño pequeño en casa. Un niño pequeño desperdiciará comida, e incluso podría tirar su comida lejos de su plato de vez en cuando. Es posible que no pueda aplicar esta regla inmediatamente, pero sin duda puede empezar a cultivar el comportamiento, lo que conduce a esta regla más adelante. Mientras tanto, siempre concentre su atención en metas que sean alcanzables y realistas.

Si no está seguro de dónde puede comenzar, haga una lista de todas sus preocupaciones junto con cualquier problema de comportamiento que tenga su hijo pequeño. Entonces, es hora de empezar a formar reglas para cada uno de los problemas que hizo una lista de. Por ejemplo, si usted nota que su niño pequeño tiende a morder, o empujar a sus amigos, una regla simple que puede establecer como, "no empujar, o "no golpear." Un niño pequeño no puede seguir varias reglas, por lo que mantenerlo simple y apropiado para la edad es su responsabilidad. Cada vez que establezca alguna regla, debe seguir una rutina consistente, modelar un buen comportamiento, redirigir a su niño siempre que se comporte mal y reforzar las reglas en un idioma que pueda entender. No se des contese en dar conferencias sobre la moralidad o largas charlas sobre el buen comportamiento. Un adolescente podría ser capaz de entender esto, pero un niño pequeño no puede.

Creación de reglas

Debe crear una lista de reglas domésticas. Que sea una lista formal y escríbela. Asegúrese de incluir todas las reglas principales, que cree que son por excelencia para su niño pequeño. Por ejemplo, si es importante para usted que su casa esté siempre en orden, entonces una regla que se le ocurra es "limpiar después de ti mismo". Si todavía está luchando para hacer una lista de reglas, entonces aquí hay un par de estrategias que puede utilizar.

Mientras escribes estas reglas, asegúrate de darle un giro positivo. Por ejemplo, si no desea que su hijo use palabras asquerosas, una regla simple sería "usar siempre palabras amables", en lugar de una regla como "no jure".

Si incluye una regla en la lista, debe aplicarla. Si crees que no podrás solucionar un problema o aplicar una regla, no incluyas la regla en tu lista. De lo contrario, terminará senviando un mensaje ambiguo de que los elementos que enumeró son negociables. Después de todo, está intentando crear un conjunto de reglas ejecutables que no se deben romper. Por lo tanto, si su hijo comienza a pensar que los elementos de la lista son sugerencias, tomará libertades innecesarias con los mismos.

Después de crear una regla, también debe proporcionar una consecuencia si la regla está rota. Al establecer las consecuencias, usted está alentando a su hijo a tomar mejores decisiones en el futuro. Sin embargo, las consecuencias que establezca deben ser adecuadas para la regla. Si la consecuencia de no limpiar después de su tiempo de juego es un tiempo fuera, tiene sentido. Por otro lado, una consecuencia como "No hay tiempo de juego durante una semana", por golpear a su amigo mientras está en el patio de recreo es desproporcionada.

Debe seguir revisando las reglas que ha creado. A medida que su hijo crece, las reglas también deben cambiar. Comience a ajustar las reglas del hogar de acuerdo con la forma en que su hijo crezca y su familia crezca. Aparte de esto, también debe tener en cuenta cualquier otro factor externo que cambie, como cambiar a una nueva ubicación.

Es bueno que haya establecido ciertas reglas, y que haya establecido las consecuencias si se rompen las reglas. Si desea aumentar la motivación de su hijo para cumplir con estas reglas, entonces déle la oportunidad de ofrecer comentarios. De hecho, es posible que te sorprendan todas las ideas diferentes que tu hijo pueda tener sobre las reglas que usted establece. Escúchalo atentamente y mantén la mente abierta mientras haces esto. Si usted siente que alguna de las sugerencias ofrecidas por su hijo son válidas, haga cambios en las reglas que usted establece. Después de todo, es su hijo quien tiene que seguir estas reglas en última instancia. Si sabe que sus comentarios son valorados y sus opiniones importan, se sentirá más motivado internamente para seguir las reglas que ha establecido.

Todos en la casa deben seguir cualquier regla que desee que su niño siga. No incluyas ninguna regla que no planees seguir. Si desea que su hijo se lave los dientes todas las noches antes de ir a la cama, entonces usted debe comenzar a hacer lo mismo. Una vez que vea que también te estás cepillando los dientes y también lo es todo el mundo en la casa, él querrá hacer lo mismo.

Todos tendemos a romper las reglas de vez en cuando. Sin embargo, si comienzas a restar en juego tu comportamiento o haces excusas para romper una regla, tu niño también comenzará a hacer lo mismo. Por lo tanto, si usted tiene una regla sobre no usar lenguaje desagradable en la casa, y termina jurando, entonces tome toda la responsabilidad por sus acciones o comportamiento. Usted debe enseñarle a su hijo acerca de las responsabilidades y la importancia de disculparse. Si usted sigue encogiéndose de hombros de sus responsabilidades, su hijo comenzará a creer que está bien encogerse de hombros de sus responsabilidades.

Siempre que establezca una regla, también debe explicar el motivo para establecer la misma regla. El deseo de su hijo de seguir la regla aumentará si usted entiende la importancia de la regla; por ejemplo, si no desea que su hijo corra en la casa, podría establecer una regla como "No correr en la casa". Ahora, tómense el tiempo y expliquen la importancia de esta regla para él. Tal vez puedas decirle que no hay suficiente espacio en la casa para que corra, y si corre, podría terminar lastimándose a sí mismo o a otros. Cuando expliques la importancia de la regla, será más fácil para él entender por qué debes seguir las reglas.

Una vez que haya hecho una lista, debe mostrar la lista en un lugar donde todos en la casa puedan ver las reglas. Asegúrate de que la lista que hiciste no sea demasiado complicada o demasiado larga. Después de todo, no quieres que parezca un manual de políticas o un memorándum. Es una lista simple de reglas del hogar. Ya que usted está tratando con un niño pequeño, hacer que esta lista se vea atractiva. Si lo desea, también puede incluir ciertas imágenes que muestren el tipo de comportamiento que desea que modele.

Cada regla tiene ciertas excepciones a ella. Por lo tanto, debe explicar cualquier excepción relacionada con las reglas que ha hecho. Puede haber ciertos casos como un evento especial, una reunión familiar o incluso un día festivo donde algunas reglas podrían romperse. Piense por un tiempo, y llegar a las diferentes excepciones a las reglas. Una vez que tenga una lista de excepciones, hable con su hijo acerca de lo mismo. Pregúntale si querría hacer alguna excepción a las reglas que has establecido.

Capitulo 6

Establecer Limites a los Niños

Todos los niños necesitan límites. Los límites no sólo son una gran manera de enseñar a su niño un buen comportamiento, sino que también le ayudan a sentirse seguro y protegido. La parte difícil de los límites es establecerlos y aplicarlos. Esto se vuelve un poco difícil, especialmente si desea evitar sobornar, amenazar o obligar a su hijo a escucharlo. Usted debe estar tranquilo y establecer límites firmes para su hijo. Este es un ejercicio simple que debe repetir una y otra vez, sin ninguna inconsistencia. No hay tiempos de espera cuando se trata de la crianza - usted está en él para el largo plazo.

Siempre que su hijo esté siendo grosero, o comience a comportarse de manera insegura, y usted está a punto de estallar, experimentará emociones poderosas. Tú también eres humano, y la forma en que manejas tus emociones en estas situaciones marca el tono para futuras conversaciones. Tu cuerpo cambia a un modo de lucha o vuelo cuando tu fusible se ha quedado corto, y tu cuerpo está inundado con un flujo constante de adrenalina y cortisol. Estos dos productos químicos previenen cualquier forma de racionalización que pueda tener lugar en el cerebro. En este punto, la racionalización ha salido efectivamente de la ventana. Tu habilidad para pensar se ve naturalmente obstaculizada mientras tus emociones se vuelven locas. Aparte de esto, su percepción de la situación dada también es sesgada debido a emociones tan poderosas que experimenta. La mejor manera de recuperar el control de la situación es recordándote a ti mismo que ser padre no es un sprint y es un maratón. Si no quieres dañar la relación que compartes con tu hijo pequeño y al mismo tiempo quieres establecer algunos límites o límites para él, entonces estos son algunos pasos que debes seguir.

Hacer un plan

Usted debe ser estratégico y llegar a planes sobre cómo desea manejar a su niño pequeño. Como padre, debe asumir un rol activo en lugar de un rol pasivo cuando se trata de crianza. Siempre debe estar un paso por delante de su niño pequeño. Bueno, la buena noticia es que, como adulto, tu corteza prefrontal está bastante desarrollada, a diferencia de tu pequeña. Eres capaz de crear estrategias y pensar racionalmente. Ahora, es el momento de poner estos rasgos a buen uso. Al prestar poca atención al comportamiento de su hijo, se le presentarán varios desencadenantes o circunstancias que hacen que su pequeño se desmorone. Probablemente sea una actividad de transición como cambiar de la hora de juego a la hora de la comida, o incluso una actividad específica como la hora de acostarse. Pasa un tiempo y piensa en todos estos desencadenantes. Una vez que usted es consciente de sus desencadenantes, se hace más fácil tratar con ellos. Usted puede fácilmente llegar con ciertos límites muy por delante y utilizarlos cuando se presenta la situación. También le ayuda a entender cuáles son sus límites y el tipo de comportamiento que espera de su hijo.

Mindful Of Your Language

Siempre que esté dando instrucciones a su hijo o esté estableciendo límites, nunca debe usar un lenguaje débil. Debes ser firme y evitar el uso de palabras ambiguas. Trate de evitar usar frases como, "No creo que deba hacer eso". En su lugar, puedes decir algo como, "¡No debes hacer eso!" o "Estarás en problemas si haces eso". ¿Ves la diferencia entre estas dos frases? Incluso si transmiten el mismo significado, la forma en que lo transmites importa mucho, especialmente cuando se trata de un niño pequeño. Si quieres ser consciente de tu lenguaje, aquí tienes un simple ejercicio que puedes probar. La próxima vez que esté conversando con su niño pequeño, grabe en video. Cuando tengas tiempo, mira este video y toma nota del idioma que usas. Si notas algún hábito verbal que quieras romper, entonces puedes empezar a trabajar en ellos. El uso de un lenguaje desaliñado es un estricto no-no. El uso de un lenguaje débil le permitirá a su hijo pensar que puede poner a prueba sus límites. Debes restablecer la autoridad y hacerle entender que eres el líder de la manada, y él debe seguirte. Tenga en cuenta que usted está tratando con un niño pequeño y no con un adulto, por lo que la forma en que habla con él debe ser diferente de la forma en que conversa con otros adultos.

Comunicación no verbal

La comunicación no verbal es tan importante como la comunicación verbal. La mayor parte de la comunicación que tiene lugar es generalmente a través de nuestro lenguaje corporal y expresiones faciales. Por lo tanto, es por excelencia que comience a prestar atención a estas cosas cada vez que se comunique con su hijo. Las señales no verbales nunca deben ser ignoradas. Si sus palabras dicen una cosa mientras su cara dice otra cosa, usted sólo terminará confundiendo a su hijo. Por ejemplo, si usas un tono jovial mientras hablas de cualquier error que comete un niño, sólo lo confundirá. Nunca use un tono serio cuando esté elogiando a su hijo. Hay un tiempo y un lugar para los diferentes tonos que utiliza. Mantén una expresión facial neutra y no permitas que se muestre ira extrema en tu rostro. Después de todo, no estás tratando de asustar a tu hijo, ¿verdad? No uses lenguaje corporal amenazante y ponte abierto. Si mantiene una expresión facial neutra, agacharse y colocarse cerca de su hijo, puede transmitir eficazmente que se refiere a los negocios. Desde la perspectiva de un niño, su presencia es a menudo enorme e intimidante. Por lo tanto, bajar a su nivel mientras se explican los límites o límites a él.

Tu tono importa

Otro aspecto de la comunicación no verbal que debe prestar atención es el tono que utiliza. Siempre asegúrese de que su tono es cálido y acogedor, pero firme. Cuando usas un tono agudo, acabarás asustando a tu hijo pequeño o incluso a estimularlo. Cuando esto suceda, su vuelo o pelea se activará, y su capacidad para entender que disminuirá drásticamente. Otro desencadenante que debe tener en cuenta es gritarle a su hijo. Nunca le grites a tu hijo mientras tratas de disciplinarlo. Puede explicar con calma cualquier regla que desee establecer sin asustarlo. Es muy difícil conseguir que un niño asustado te escuche. Puede que cumpla momentáneamente, pero volverá a hacer lo que estaba haciendo una vez más. Al establecer límites, debe tener objetivos a largo plazo en mente y no solo cumplimiento momentáneo. Si no quieres que repita ningún comportamiento sombrío, entonces debes transmitirle el mensaje de manera efectiva. No asuste y asuste a su hijo.

Cumplimiento inmediato
Los adultos a menudo tienen dificultades para aceptar un "no". Por lo tanto, esperar que un niño cumpla con lo que usted dice sin poner una pelea no es realista. Usted debe tener una visión realista de sus expectativas mientras se trata de los niños pequeños. Siempre que establezca un límite, establezca un límite en el que sea un límite para usted. Una vez que hagas esto, asegúrate de que quede un poco de espacio para los sentimientos. Es muy poco realista esperar que un niño responda con un "bien seguro", cuando le dices "no". Si hablas con él en un tono tranquilo y tranquilizador, las posibilidades de que él entienda y respete tu "no" sin pelear aumentarán. Si no quieres darle otra galleta, entonces di: "No dije más galletas. Sé que lo quieres, pero ya has tenido suficiente". Al reconocer el hecho de que él quería algo, y al negarlo, usted lo está ayudando a procesar sus emociones. La única manera de lidiar y trabajar a través de emociones difíciles es manejando la decepción. Ten un poco de fe en tu pequeño y en su habilidad para procesar sus emociones. Manténgase en jaque cada vez que esté lidiando con las grandes emociones de su hijo.

Expectativas razonables

Usted debe establecer ciertas expectativas relacionadas con el comportamiento de su hijo. A medida que crezca, la forma en que se comporta cambiará, también lo harán sus expectativas. No puedes esperar que un niño de un año se comporte como lo hace un niño de seis años. Por ejemplo, un niño de dos años podría tener un tiempo difícil compartir sus cosas con otros sin pelear, mientras que un niño de cinco años podría encontrar esto bastante atrevida. Un niño de cuatro años podría preguntarte constantemente "¿por qué?", mientras que es normal que un niño de tres años siga diciendo "no". Entienda que a medida que su hijo envejece; se está desarrollando - no sólo físicamente, pero mental y emocionalmente también. Es mucho para aceptarlo, y usted debe estar feliz de que él es tan agradable como él es a menudo! Lidiar con el cambio es abrumador, y usted debe manejar sus expectativas mientras se trata con su niño pequeño. Debes mantenerlo todo unido y ser su sistema de apoyo. No te frustres con él si no se comporta como esperas que lo haga.

Decisión

Siempre debe ser decisivo al establecer límites y límites para su hijo. El más mínimo indicio de indecisión le dará a su hijo la confianza para darle por sentado. Incluso si cambias de opinión sobre una decisión, debes ser decisivo. No se trata sólo de establecer una regla, sino que debe ser decisivo mientras sigue esa regla. Supongamos que le dice a su hijo: "Puedes ver la televisión por un tiempo más", el lunes porque estás ocupado con un poco de trabajo y luego el martes, le dices, "No puedes ver la televisión hoy", porque estás cansado y quieres dormir. No puede cambiar una regla de acuerdo con su conveniencia. Ser padre rara vez se trata de conveniencia. Recuérdese que está haciendo algo por el bienestar de su hijo. Ser coherente y decisivo sobre una regla es casi tan importante como la regla misma. Los niños responden bien a la consistencia. Cuando su hijo sabe cómo se supone que se comporta y qué espera de él, se vuelve más fácil para él actuar en consecuencia. Si sigues cambiando las reglas, sólo acabarás confundiéndolo.

Psicologia

Una regla estricta de crianza que nunca debe romper es hacerse físico con su hijo. Nunca debe hacerse físico con su hijo pequeño. Incluso si sientes que tu paciencia se está acabando y estás a punto de estallar, no golpees, azotes ni golpees a tu pequeño. Los castigos físicos sólo lo aterradora de por vida y no es una gran manera de hacer cumplir las reglas. Por ejemplo, azotar a su hijo cuando come una galleta extra le da el mensaje de que puede comer una galleta si no le importa que lo azoten. Puede que este no sea el mensaje que desea transmitir, pero su hijo lo creerá. No trates de hacer cumplir las consecuencias haciendo esto. Si se siente bastante frustrado, entonces puede retener a su hijo para mantenerlo a salvo. Por ejemplo, si usted nota que su hijo sigue saltando del sofá incluso después de que usted le diga repetidamente que se detenga, entonces usted puede mantenerlo en su regazo. Siempre mantenlo mirando hacia afuera para que no te lastime accidentalmente. Nunca le dé un dedo a su hijo cuando esté extremadamente molesto o enojado. No debes hacerle daño; él es tu niño, y usted debe cuidar de él. A veces, es posible que necesite un tiempo de espera y, en tales casos, tome un pequeño descanso. Tal vez usted pueda darle a su hijo un tiempo de espera y luego tomar un tiempo de espera usted mismo para calmar su mente. Una vez que estés tranquilo y compuesto, puedes empezar a hablar de las reglas.

Razones del límite

Siempre que establezca un límite o un límite para su niño pequeño, debe explicar sus razones para hacerlo. No expliques esta razón más de una o dos veces. Si sigues repitiendo constantemente, sólo acabarás sintiéndote bastante frustrado e irritado. Ofrezca la explicación una vez y luego quédese en silencio. Sostenga la lengua, incluso cuando se sienta abrumado, frustrado o incluso cansado. A veces, incluso puede mantener a su hijo cerca para evitar que lance un berrinche y repetir un mantra calmante como "estás a salvo". Cuando la parte racional del cerebro de su hijo no esté activa, le será difícil entender todo lo que le diga. En tales casos, respira hondo y mantén la calma. Incluso diciendo una frase como, "Zip it", con un toque de ira en tu tono, tu mensaje se lo hará llegar tu mensaje.

Uso del humor

El humor es una herramienta eficaz que puede difuminar la tensión y ayudar a transmitir su mensaje fácilmente. El uso del humor es una gran herramienta de crianza. Puede empezar a animar un objeto inanimado como un cepillo de dientes o un patito de goma y usar una voz tonta para transmitir su mensaje. Por ejemplo, diciendo algo como, "Es mejor que te vistas antes de que cuente hasta cinco", con un acento británico divertido, tu mensaje hará que tu mensaje llegue sin asustar a tu hijo. Un poco de humor de vez en cuando ayuda a aclarar las cosas y motivarlo a comportarse mejor.

El buen comportamiento debe venir de dentro, puedes enseñarlo, pero no puedes obligarlo a comportarse como tú quieres. Si comienza a hacer algo sólo porque teme el castigo o porque sabe que será recompensado, entonces usted no le está enseñando un buen comportamiento. El miedo al castigo y a las recompensas podría funcionar por el momento, pero no le estás enseñando la importancia del buen comportamiento al hacer esto.

Capitulo 7

Reglas De Tiempo De Espera

Es posible que no siempre sea fácil disciplinar a su hijo. Corregir a su hijo a medida que se comporta mal o se rebela a veces significa que las emociones, así como los sentimientos de ambas partes involucradas en esta ecuación, pueden salirse de control. Al tomar un tiempo de espera, le da al padre un tiempo para enfriarse y hace lo mismo para el niño también. En esta sección, aprenderá acerca de los diferentes pasos que debe seguir mientras le da a su hijo un tiempo de espera. Haga que sea un punto para practicar estos pasos con su hijo antes de empezar a usarlo para detener su mal comportamiento.

Compruebe su comportamiento

Preste atención a la forma en que su hijo se comporta y observe cualquier comportamiento inapropiado. Si su hijo está haciendo algo o se está comportando de una manera indeseable, lo que requiere un tiempo de espera, entonces déle una advertencia. Dígale tranquilamente a su hijo que se le dará un tiempo de espera si mantiene su comportamiento o no escucha las instrucciones que le da. Por ejemplo, si le dice a su hijo que limpie después de su tiempo de juego, y no lo escucha, entonces dígale que se le dará un tiempo de espera si no limpia inmediatamente. Espere de 5 a 10 segundos, y si su hijo aún no lo escucha o no responde después de haber dado la advertencia, elogie un poco. Esencialmente estás tratando de hacerle esperar que te escuche. Puedes decir algo en la línea de: "Me siento feliz cada vez que me escuchas y guardas tus juguetes como te pedí". Si su hijo sigue comportándose mal, entonces es hora de seguir la advertencia que le dio. Siempre debe seguir adelante con una advertencia de tiempo de espera que le dé a su hijo, especialmente cuando no hace lo que le pidió. Sin embargo, antes de darle a su hijo un tiempo de espera, siempre déle una advertencia sobre las consecuencias si no cambia su comportamiento.

Explicar la razón
Usted debe explicar la razón por la cual a su hijo se le está dando un tiempo de espera. Si no explicas la razón, nunca entenderá los errores que está cometiendo. Mientras explicala la razón, haga esto sólo una vez. Dilo con una voz tranquila pero firme y no grites. Siempre que le esté diciendo a su hijo acerca de las razones del tiempo de espera, usted no debe sermonear, discutir o regañarlo. Usted no debe aceptar ninguna excusa que haga para su comportamiento inapropiado, y nunca hablar con su hijo como está en el tiempo de espera. Si protesta, grita o hace promesas para arreglar su comportamiento, no lo escuches. Háblale de todo esto sólo después de que termine el tiempo de espera.

El tiempo de espera real
Si su hijo lanza un berrinche acerca de ir al lugar de tiempo de espera, usted puede llevarlo al lugar, o guiarlo de su mano. Al llegar a este espacio, él puede sentarse. Dile que debe quedarse allí hasta

que le digas lo contrario. Mientras esté en el tiempo de espera, hay dos reglas que debes hacerle entender. La primera regla es que nadie debe hablar con él mientras esté en el tiempo de espera. La segunda regla es que no se le permite jugar con nada durante este período.

Conseguir que se sente en el tiempo de espera es una de esas cosas que es más fácil decirlo que hacerlo. Ningún niño querría voluntariamente sentarse en el tiempo de espera. Si su hijo sale del espacio de tiempo de espera antes de que usted se lo diga, colóquelo de nuevo en el tiempo de espera. No entables ninguna conversación con él mientras lo pones de nuevo en el área de tiempo de espera. La primera vez que utilice esta técnica, esté preparado para devolver a su hijo a la zona de tiempo de espera un par de veces. Si constantemente lo pones de nuevo en ese mismo espacio una y otra vez, cada vez que se levanta, él rápidamente se encargará de ello. No preste atención a su hijo durante este proceso. No es fácil, y sin duda requiere mucha paciencia de usted. Tenga en cuenta que su hijo está efectivamente tratando de salir del tiempo de espera y tratará de todo lo que pueda para ponerle fin rápidamente. A veces, es posible que también tenga que estar cerca de la zona de tiempo de espera para asegurarse de que su hijo se siente a través de ella. Está bien hacer esto, pero no interactúe con su hijo mientras hace esto. No lo dejes con gusto, y no le prestes atención. Debe entender que ha hecho algo malo.

Finalización del tiempo de espera

Un tiempo de espera útil puede durar entre 2 y 5 minutos. Como regla general, usted debe dar un minuto de tiempo de espera por cada año de edad de su hijo. Esto significa esencialmente que el tiempo de espera para un niño de dos años sería de dos minutos; para un niño de tres años, serían tres minutos, para un niño de cuatro años, serían cuatro minutos, y así sucesivamente. Asegúrese de que su niño pequeño esté callado justo antes de salir de la zona de tiempo de espera. Escuche atentamente durante unos cinco segundos de silencio hacia el final del tiempo de espera. Si su hijo está callado durante cinco segundos hacia el final, dígale que puede salir de la zona de tiempo de espera. Si le dio a su hijo que agotara el tiempo de espera porque estaba rompiendo las reglas de su hogar o está en problemas por golpear a su amigo, entonces recuérdele el tipo de comportamiento que espera. Por ejemplo, puede decir: "Recuerda la regla, no debes golpear a los demás".

Si le das tiempo de espera a tu niño porque no te estaba escuchando, o no estaba siguiendo tus instrucciones, entonces debes repetir la dirección que le habías dado una vez más. Una vez que termine el tiempo de espera, su hijo debe escucharlo. Si aún así sigues teniendo problemas, consulta la página de ayuda de Aquí.

Recompensa buen comportamiento

El último paso de un tiempo de espera es que debes recompensarlo por su buen comportamiento o la primera cosa positiva que hace después del tiempo de espera. Sé entusiasta y recompénsalo ofreciendo elogios genuinos. A veces, al darle a su niño una segunda oportunidad de seguir cualquier dirección que le haya dado le da la oportunidad de elogiar su buen comportamiento. Si su niño no hace lo que espera de él, entonces es hora de repetir el tiempo de espera. Es posible que tenga que hacer esto un par de veces hasta que su hijo finalmente entienda que está obligado a hacer lo que usted dice.

Este es un ejemplo sencillo para darle una mejor comprensión de cómo funciona un tiempo de espera. Por ejemplo, supongamos que su niño de tres años está golpeando a otros niños. Ya que tienes una regla doméstica de no golpear a los demás, dale una advertencia sobre lo mismo. Esta advertencia puede ser en forma de un recordatorio. Cuéntale sobre la regla y luego dale un tiempo de espera para mostrar un comportamiento pobre. Dado que su hijo tiene tres años, el tiempo de espera durará tres minutos. Al enviar a su hijo al tiempo de espera, recuérdele en silencio la regla de no golpear a los demás. Luego espera un par de minutos o hasta que se acaben los tres minutos. Una vez que termine el tiempo de espera, permítale volver a la actividad anterior en la que estuvo involucrado. Si te das cuenta de que está siendo amable y no está golpeando a sus amigos mientras juega, entonces ofrece elogios por su buen comportamiento.

¿Se pregunta qué puede hacer mientras su hijo está en tiempo de espera? Bueno, debes estar haciendo lo que fuera que estabas haciendo antes del tiempo de espera. Sin embargo, asegúrese de que usted está en la misma habitación y puede vigilar a su hijo. Asegúrese de que su hijo no está haciendo nada peligroso o está tratando de escapar de su zona de tiempo de espera. Al mismo tiempo, también debe hacer un punto que nadie le está prestando atención durante este período. No converse con su hijo, evite mirarlo y no lo toque. Asegúrese de que sus hermanos u otros miembros de la familia no le presten atención durante el tiempo de espera.

Si usted nota que su niño pequeño estaba peleando con su amigo o hermano sobre un juguete, entonces en lugar del niño, usted puede poner el juguete en el tiempo de espera. Al guardar el juguete, le estás recordando que su mal comportamiento llevó al juguete a ser arrebatado a él. También ayuda a enseñarle sobre el autocontrol. Cuando se trata de usar tiempos de espera, asegúrese de no seguir entreyéndolos con frecuencia. Si sigues dándole tiempo de espera después de cada hora o dos, rápidamente se volverá inútil. Una vez que el tiempo de espera haya terminado, no empiece a leitar a su hijo.

Capitulo 8

Disciplinar al Niño Sin Nalgadas

Un tema que se debate ampliamente en el mundo de la crianza de los hijos es la nalgada. Los expertos en crianza, los psicólogos infantiles e incluso los pediatras no recomiendan azotar. Sin embargo, la mayoría de los padres de todo el mundo tienden a azotar a sus hijos. Para muchos padres, las nalgadas pueden parecer la forma más efectiva de cambiar el comportamiento del niño. Podría funcionar a corto plazo, pero a largo plazo, el castigo corporal no es la mejor manera de enseñar a un niño acerca de las consecuencias. Una de las alternativas más comunes a las nalgadas es un tiempo de espera. Se le dio toda la información sobre los tiempos de espera y las reglas asociadas con ellos en el capítulo anterior. En esta sección, aprenderás sobre diferentes técnicas que puedes usar en lugar de azotar a tu hijo.

Leve mal comportamiento

Las reglas que usted tiene para lidiar con el mal comportamiento de su hijo deben depender de la intensidad de la situación. A veces, mediante el uso de la técnica de ignorar selectivamente, usted puede enseñar eficazmente a su hijo acerca de las conductas indeseables. Sin embargo, esto no significa que usted deba mirar hacia otro lado si su hijo está haciendo algo que es increíblemente inapropiado o peligroso. Habiendo dicho eso, está bien ignorar cualquier comportamiento que su hijo esté usando o intentando. Siempre que su hijo esté tratando de llamar su atención llorando, lanzando un berrinche o incluso quejándose, no le dé la atención que desea. En vez de eso, finge que no puedes oírlo e ignorarlo. Cuando lo ignores, entenderá que no puede salirse con la suya. Una vez que deje de comportarse mal y empiece a comportarse bien, puedes darle la atención que quiera. Después de un tiempo, se dará cuenta de que el comportamiento educado es la única manera de conseguir lo que quiere. Para utilizar esta técnica, debe diferenciar entre el tipo de comportamiento que puede pasar por alto y los que deben abordarse inmediatamente. Una vez que haceesta, resulta más fácil ignorar ciertos comportamientos de forma selectiva.

Quitar privilegios
Es posible que pueda hacer que su hijo lo escuche cuando lo azote, pero esta técnica solo proporciona cumplimiento momentáneo. Si quieres que tu hijo pequeño entienda dónde se equivocó, entonces llévate sus privilegios. Quitarle sus juguetes favoritos, no permitirle jugar videojuegos, o incluso quitarle sus privilegios de televisión por uno o dos días le ayudará a darse cuenta de su error. Siempre que te lleves privilegios, deja muy claro que puede ganar sus privilegios. Por lo general, un niño pequeño tarda unas 24 horas en darse cuenta de su error. Por ejemplo, si su niño no limpia después de su tiempo de juego, entonces usted puede hacer cumplir una regla como: "No se puede ver más la televisión hoy, pero usted puede ganar este privilegio mañana limpiando la primera vez que se lo pido."

Consecuencias lógicas

Otra gran manera de enseñarle a su hijo acerca de la buena conducta es proporcionando consecuencias lógicas. Esto es especialmente útil si su niño pequeño está luchando con un problema específico asociado con su comportamiento. Las consecuencias lógicas están esencialmente relacionadas con cualquier mal comportamiento mostrado por su hijo. Por ejemplo, si su hijo no come sus verduras a la hora de comer, entonces no le permita tomar el postre. O, si se niega a recoger sus juguetes, entonces no le permita jugar con su juguete favorito por el resto del día. Al vincular las consecuencias directamente con un problema de comportamiento o cualquier mal comportamiento mostrado por él, le estás permitiendo ver las consecuencias de sus acciones. Las consecuencias lógicas son una forma sencilla de enseñarle sobre la relación entre comportamiento y consecuencia. También le da a su hijo la opción de decidir sobre la forma en que quiere comportarse. Una vez que sabe que no será capaz de hacer algo si hace algo indeseable, lo hace más responsable. Además, cuando su hijo sepa que la opción de influir en sus comportamientos está en él, estará más inclinado a mostrar un comportamiento deseable. Mediante el uso de esta técnica, usted no lo está forzando a hacer algo, pero le está dando la opción de decidir cómo quiere comportarse.

Nuevas habilidades

Un inconveniente importante asociado con las nalgadas es que no le enseña buenos comportamientos. Podría disuadirlo de hacer algo, pero no le enseña lo que debe hacer en su lugar. Si azotas a un niño cada vez que lanza un berrinche temperamental, no le estás enseñando a calmarse o regular su ira. Por lo tanto, la próxima vez que esté bastante molesto, no sabrá qué hacer. También podría formar una suposición poco saludable de que no está bien mostrar su ira o cualquier otra emoción desagradable. Esto no es algo que debas hacer. Después de todo, usted quiere que su hijo exprese sus emociones libremente, ¿no? Si quieres que controle sus emociones y no haga un berrinche temperamental, entonces debes enseñarle a regular sus emociones. Debes enseñarle una nueva habilidad para reemplazar cualquier comportamiento indeseable que exhiba.

Consecuencias naturales
Al permitir que su hijo aprenda de sus errores, usted le está enseñando acerca de las consecuencias naturales. Por ejemplo, si su hijo se niega a usar una chaqueta cuando usted se lo pida, entonces permítale salir. Una vez que lo haga, puede sentir frío y se dará cuenta del error que cometió. Sin embargo, haga esto solo cuando sea seguro para su hijo. Nunca permita que su hijo se ponga en peligro. Usted debe usar esta técnica sólo cuando esté seguro de que su hijo será capaz de aprender de sus acciones y sus errores. Supervise cuidadosamente la situación para asegurarse de que su hijo no esté en peligro alguno. Después de todo, la seguridad de su hijo es su responsabilidad.

Elogio de la oferta
Su hijo cometerá errores, pero también habrá ocasiones en que sus acciones le sorprenderán gratamente. Cada vez que usted coge a su hijo siendo bueno, debe elogiarlo. Por ejemplo, si notas que está compartiendo sus juguetes durante el tiempo de juego con sus

amigos o que está siendo amable con sus hermanos, debes elogiar el comportamiento exhibido por él. Incluso elogios casuales como, "Hiciste un buen trabajo al compartir tus juguetes con tu amigo hoy", funcionará. Recompense a su hijo con algunos elogios y atención cada vez que haga algo deseable. A los niños les gustan los adultos, alos elogios. ¿No te sientes feliz cada vez que alguien aprecia algo que hiciste? Del mismo modo, incluso su hijo será feliz cuando lo elogie. Sin embargo, los elogios deben ser genuinos y no por encima. Al hacer esto, usted lo está animando a exhibir un comportamiento positivo en el futuro.

Recompensa buen comportamiento
Es posible que se sienta tentado a azotar a su hijo cada vez que se porte mal. Absténgase de hacer esto, y en su lugar recoméntelo cada vez que muestre un buen comportamiento. Por ejemplo, si su hijo generalmente está acostumbrado a pelear con sus hermanos, entonces cree un sistema de recompensas para motivarlo a llevarse bien con sus hermanos. En lugar de castigar su mal comportamiento, dale recompensas por el buen comportamiento. Cuando su hijo sepa que puede tener ciertos privilegios comportándose adecuadamente, usted estará más inclinado a comportarse bien. Hay una fina línea para pisar entre recompensar su buen comportamiento y fomentar el hábito del soborno. Por lo tanto, pisa esta línea con cuidado. Entienda que debe tratar de motivar a su hijo a no comportarse mal. No te ofrezcas a comprarle un juguete si deja de golpear a su hermano. En su lugar, ofrézcase a extender su tiempo de juego en diez minutos si juega bien con sus hermanos.

Capitulo 9

Explicacion Sobre Las Emociones

Lidiar con las emociones es una habilidad que muchos adultos carecen. Por lo tanto, no puede esperar que su niño pequeño maneje sus emociones con eficacia. Sin embargo, puedes enseñarle a hacer esto. Una vez que entienda sus emociones, estará mejor equipado para lidiar con ellas.

Usted debe ayudar a su niño a entender sus sentimientos y lidiar con las emociones que experimenta. A medida que su hijo comience a crecer, las emociones o sentimientos que experimenta también diferirán. Por lo general, entre las edades de dos y tres años, un niño está haciendo un montón de progreso en términos de comprensión y etiquetado de sus emociones, pero su capacidad para manejar cualquier variación en sus sentimientos es bastante inestable. Durante esta etapa, es su trabajo como padre tener conversaciones con su hijo acerca de los sentimientos. Al hablar con su hijo acerca de los sentimientos, usted lo está equipando con las habilidades sociales necesarias para convertirse en un mejor adulto. Una vez que abres un diálogo sobre los sentimientos, puedes encontrar maneras de enseñarle acerca de formas aceptables de autoexpresión. Comience a explicar ciertas emociones básicas como la felicidad, la ira o la tristeza. No trates de explicar sentimientos complicados como ansiedad o estrés. Hable acerca de los sentimientos apropiados para la edad y lentamente abran su camino desde allí. A medida que su hijo crece, usted puede explicar estas cosas relacionadas con él. Incluso si no explicas sobre ciertas emociones, él lentamente. En esta sección, usted aprenderá acerca de cómo puede hablar con su hijo acerca de las emociones básicas. Las cuatro emociones discutidas en esta sección son: felicidad, tristeza, ira y miedo. Así que empecemos

Explicar la felicidad

Es posible que haya visto a su hijo feliz en diferentes casos. Puede que se ría cuando su amigo se presenta a una cita de juego, o tal vez aplaude cuando le das una galleta extra. Estos son pequeños casos de felicidad. Siempre que note que su hijo es feliz, debe explicar lo que significa. Por ejemplo, puedes decir algo como, "eres feliz porque estás haciendo algo que disfrutas o amas". Al hacer esto, usted está permitiendo que su hijo entienda la relación entre la alegría que está experimentando y el entorno que lo rodea. Aparte de esto, también le enseña que puede hacerse feliz.

Por lo general, los niños comienzan a mostrar signos de empatía cuando tienen unos dos o 2 años y medio de edad. Usted puede ayudarlo a desarrollar su empatía al inventar diferentes maneras en las que puede hacer felices a los demás. Por ejemplo, siéntate con él y pregúntale qué le gustaría hacer si se diera cuenta de que su amigo estaba triste. Tal vez también pueda scomenzar una conversación sobre uno de sus personajes favoritos de televisión. Si estás viendo una caricatura con él y te das cuenta de que alguien en el programa se siente triste, entonces pregúntale qué haría para que la otra persona se sienta mejor. Al hacer esto, efectivamente estás iniciando una conversación sobre la felicidad y su capacidad para hacer felices a los demás.

Explicar la tristeza

La tristeza es bastante fácil de detectar. Las lágrimas pueden venir fluyendo por su cara, su labio podría temblar, o podría hacer esos ojos tristes de perro perrito. Puede que esté triste cuando no pueda encontrar su juguete favorito o cuando su tiempo de juego llegue a su fin. Puede que se vea triste después de que le rompieras por comportarte mal o tal vez cuando llegue el momento de despedirte de su amigo. Cada vez que te des cuenta de que está triste, debes explicarle esta emoción. Puedes comenzar la conversación diciendo algo como: "Todos tendemos a sentirnos un poco tristes de vez en cuando, y eso es normal". Después de hacer esto, es hora de hacer una lluvia de ideas con él y encontrar maneras en las que pueda resolver este problema. Es su responsabilidad asegurarle que está bien sentirse triste y que todo el mundo tiende a enfadarse de vez en cuando. Después de todo, la vida no siempre resulta como esperamos. Mientras haces esto, también es tu responsabilidad asegurarle que se sentirá mejor y que puede sentirse mejor. De la manera en que puede hacerse feliz, también puede superar cualquier tristeza que experimente. Es muy esencial que usted tenga una conversación con su hijo acerca de las emociones negativas para que no asuma que experimentar emociones negativas es algo malo. No debe tenerles miedo y debe aprender a lidiar con ellos. Si su hijo comienza a asustarse de una emoción específica, comenzará a suprimirla. Las emociones reprimidas a menudo salen de maneras desagradables. Para evitar todo esto, explique las emociones negativas.

¿Cómo puedes lidiar con esta emoción? Ya que usted está tratando con un niño pequeño, primero debe entender cómo se siente la tristeza para él. Por lo general, para los niños pequeños, la tristeza es como un agujero negro gigante que los hace sentir bastante azules y drenados. Por lo tanto, su único trabajo en este momento es trabajar en levantar su espíritu y hacerlo sentir mejor. Aparte de esto, incluso puedes darle ciertas herramientas que le ayudarán a superar este sentimiento de tristeza. También puede ofrecer ciertas sugerencias relajantes como darle un abrazo o tal vez incluso llevarlo a dar un paseo. De hecho, siéntate con él y pregúntale qué le gustaría hacer para sentirse mejor. Su hijo podría tener ciertas sugerencias acerca de las cosas que puede hacer para mejorar este estado de ánimo. Mantenga siempre una mente abierta mientras tiene tales conversaciones con él.

Explicar la ira
Cada vez que rechace sin la solicitud de su niño, dígale "no", o cuando se sienta frustrado y decepcionado, podría comenzar a gritar, flaquear, patear y gritar. Siempre que note que su hijo está enojado, debe explicarle esta emoción. Comience esta conversación diciéndole que está enojado porque es incapaz de conseguir lo que quiera. Es muy probable que el berrinche de su hijo pueda desencadenar su propia descomposición. Ya que usted es el adulto en la situación, debe tomarse un momento para sí mismo y conservar su compostura a toda costa. Tenga en cuenta todas las

reglas que establezca sobre la crianza y apéguese a esas reglas. Usted no debe ceder a la demanda de su hijo de aplacarlo o hacerle sentir mejor. Si cede sin sus demandas, sólo le enseña que cada vez que empieza a gritar y patear o lo mantiene el tiempo suficiente, puede salirse con la suya. En lugar de esto, debes hacerle saber tranquilamente que entiendes que está molesto, y que estás feliz de besarlo o abrazarlo una vez que esté tranquilo. Su niño siempre dependerá de usted para redirigir y difundir la ira que siente. Como no sabe cómo lidiar con esta emoción, dependerá de una fuente externa, y en este caso, la fuente externa eres tú.

Ahora que sabes cómo identificar su ira y has hablado con él sobre su ira, es hora de enseñarle sobre cómo regular la ira que siente. Al hacer esto, esencialmente lo estás armando con las habilidades necesarias para lidiar con cualquier frustración que venga a lo largo de su camino sin ir a toda balística. Puedes inventar un rincón enojado, o incluso un juguete enojado que pueda usar para sentirse mejor. Permítale ir a este espacio seguro para expresar su ira y desahogarse. Dile que puede tomar su juguete enojado y eliminar toda su frustración. Una vez que ha hecho esto, puede hablar con calma de diferentes maneras en las que puede lidiar con tal frustración que experimenta. Dile que está bien enojarse, pero no está bien comportarse mal. Por ejemplo, si su hijo recurre a odiar cada vez que se enoja, pregúntele qué más puede hacer para eliminar su frustración. Mientras haces esto, pregúntale: "¿Cómo te sentirías si tu amigo te golpeara?"

Explicar el miedo

Otra emoción que debes explicar es el miedo. El miedo es una emoción muy poderosa, y puede hacer que la gente haga cosas locas. El miedo no suele ser racional, pero puede ser apasionante. El miedo es bastante común, y debe aprender a normalizar cualquier miedo que experimente. Cada vez que su hijo está conociendo a una nueva persona, yendo a un nuevo lugar o aprendiendo una nueva actividad, podría volverse aprensivo. Ciertas cosas que nunca le habían molestado antes podrían empezar a asustarlo. Es posible que su hijo nunca haya tenido miedo de la oscuridad, o incluso de un tobogán alto, pero a veces, estas cosas ciertamente podrían asustarlo. Cada vez que te des cuenta de que tiene miedo de algo, tómate el tiempo para explicarle esta emoción. Puedes empezar a explicar sobre el miedo diciendo algo como, "tienes miedo de que algo malo pueda suceder". Mientras le explicas esta emoción, asegúrate de validar sus sentimientos y no los cepilles. No debe sentirse avergonzado de admitir que tiene miedo o miedo debido a algo. Hazle entender que sus temores están relacionados con ser colocado en una situación desconocida y no tienen mucho que ver con la realidad. Dile que incluso los adultos se asustan y tal vez dan algunos ejemplos personales.

Ahora, es hora de asegurarle a su hijo que está en un espacio seguro donde puede hablar de sus temores. Por ejemplo, si su hijo le tiene miedo a la oscuridad, dígale algo como, "incluso yo solía tener miedo de los monstruos, pero nunca me he encontrado con uno". Al hacer esto, le estás mostrando que está bien abrirse sobre sus miedos. Dile que los monstruos sólo existen en las películas o en los libros y que no son reales. Tu trabajo es enseñarle a no demorarse en su miedo o hacer un gran negocio con él. No animes sus miedos y, al mismo tiempo, no los invalides. Cuando se sienta asustado, dile que puede sentarse contigo, pensar en un recuerdo feliz, o incluso recoger su juguete favorito.

Con su ayuda y ayuda, su niño aprenderá rápidamente acerca de sus emociones y las formas en que puede lidiar con ellos.

Capitulo 10

Control Emocional para Niños

Los niños no nacen con la capacidad de regular, entender o controlar sus emociones. Al igual que hablar y caminar, también se les debe enseñar sobre el control emocional. La capacidad de un niño para controlar sus emociones está influenciada por tres factores primarios, y son los siguientes.

- El temperamento de su hijo
- Edad y madurez de su hijo
- Las habilidades sociales de su hijo

Los dos primeros factores no están bajo su control, pero el tercer factor es sin duda dentro de su ámbito de control. Las relaciones de su hijo, sus experiencias de vida y el entorno que usted crea para él influyen en su capacidad para regular o manejar sus emociones. En este capítulo, aprenderás sobre diferentes maneras en las que puedes animar a tu niño pequeño a controlar sus emociones.

La consistencia es importante

Como cuidador principal de su hijo, usted debe proporcionarle tanta consistencia como estabilidad como sea posible. Al establecer límites claros, límites y reglas junto con las rutinas diarias, usted puede ayudar a su hijo a qué esperar. Estas cosas le harán sentirse más seguro y cómodo en su entorno. Esencialmente este tipo de seguridad que usted proporciona ayuda a su crecimiento emocional. Se hace más fácil lidiar con sus emociones cuando el mundo se vuelve más predecible para él.

Aceptación de la práctica

No sólo debe hacer un punto para aceptar las respuestas emocionales de su hijo, sino que también debe aceptar sus emociones. Es por excelencia que recuerde que cualquier arrebato emocional o crisis que su hijo tiene no son un intento intencional de hacer la vida más difícil para usted. No empiece a tomar las respuestas emocionales de su hijo personalmente. Su hijo simplemente está explorando sus emociones y tratando de entender qué hacer con todas las grandes emociones que siente. En lugar de tomarlo personalmente, usted debe comenzar a prestar atención a las emociones de su hijo y ayudarlo a entender cómo procesar lo mismo. Comience a enseñarle habilidades para tolerar y aceptar las emociones que siente. No puedes enseñarle acerca de la aceptación si no estás aceptando en primer lugar.

Tus sentimientos

Muchos padres parecen pasar por alto sus sentimientos mientras lidian con los sentimientos de su niño pequeño. No hagas esto. Debes hablar de tus sentimientos. Cuando haces esto, estás enviando un mensaje positivo a tu hijo pequeño de que él también es libre de hablar de sus sentimientos. Cuando empiezas a compartir tus emociones, estás creando un ambiente propicio para su desarrollo emocional. Comienza a usar palabras de sentimiento para describir tus emociones. Esto, a su vez, le permitirá a su hijo comenzar a usar cualquier palabra que pueda expresar sus emociones verbalmente.

Sea alentador

Ninguna emoción es intrínsecamente mala, pero la forma en que la expresas es lo único que importa. Esencialmente significa que usted no está condenando las emociones de su hijo, sino que está en contra de ciertos comportamientos que retrata. Siempre sea alentador, especialmente cuando su hijo comience a hablar de sus emociones o sentimientos. Debes enseñarle a controlar su comportamiento y no a reprimir sus sentimientos. Evite usar frases como "dejar de estar triste" o "por favor no esté triste". En lugar de usar estas directivas, puede usar declaraciones y preguntas para ayudarle a procesar sus emociones. Por ejemplo, si nota que su hijo parece sombrío o triste, puede decir algo en la línea de: "Puedo ver que está molesto. ¿Puedes decirme qué te entristeció?" Al hacer esto, efectivamente estás abriendo una conversación sobre sus sentimientos. Aparte de esto, también le ayudará a entender cualquier evento que desencadenó tal respuesta de él.

Regulación emocional

Este consejo requiere un poco de auto-introspección. ¿Cómo manejas las emociones que sientes? ¿Los reprimes? ¿Te retiras? ¿O permites que tus emociones te saquen lo mejor de ti? A medida que su hijo esté aprendiendo a entender y aceptar sus emociones, comenzará a imitar los comportamientos que usted muestra. Si se da cuenta de que te retiras, empezará a retirarse cada vez que experimente emociones poderosas. Si se da cuenta de que terminas lanzando un berrinche cada vez que te enojas, empezará a hacer lo mismo. Usted puede ayudar fácil y eficazmente a su niño pequeño expresando sus sentimientos verbalmente y compartiendo diferentes estrategias que utiliza para regular sus emociones. Al modelar el tipo de comportamiento que espera de su hijo, usted lo está alentando a seguir su ejemplo. Cada vez que se da cuenta de que las emociones de su hijo están aumentando, usted debe mantener su calma. Si no lo hace, incluso un problema simple puede ser desproporcionado, y en última instancia dañará la relación que comparte con su hijo.

Auto-hablar positivo
La auto-habla es el diálogo interno que se lleva a la cabeza. Usted puede enseñar a su niño un par de palabras o frases simples que puede usar siempre que necesite controlarse a sí mismo. Por ejemplo, puedes decirle que repita la frase" "Soy feliz" o "Estoy tranquilo", siempre que se sienta inquieto o enojado. Dicho esto; no anime a su hijo a suprimir sus emociones. Dale la confianza de que puede compartir sus sentimientos contigo y no tiene que retenerse.

Identificar los desencadenadores
Siéntese con su hijo y comience a identificar todas las situaciones habituales que resulten en el estallido emocional de su hijo. Una vez que haces una lista de estos eventos o desencadenadores, es más fácil resolver el problema disponible. Pasa un tiempo con él y define el problema y la forma en que se siente en una situación

específica. Inspírese con diferentes soluciones y pregúntele qué le gustaría hacer para sentirse mejor. Comience a implementar cada una de las soluciones que ha enumerado y vea cuáles de ellas son efectivas.

Busque señales de advertencia
Debes tener cuidado con cualquier posible signo de advertencia de un arrebato emocional inminente. Una vez que identifique las señales de advertencia, es hora de intervenir y animar a su hijo a expresar sus sentimientos. Su disposición a entender y el cuidado que usted expresa en tales situaciones sin duda es un largo paso en la reducción de la tensión en las experiencias de su hijo. Puede intervenir antes del estallido o después del estallido. Después del estallido emocional o el berrinche, su hijo se calmará. Una vez que su hijo esté tranquilo, usted debe hablar con él acerca de lo que salió mal y las maneras en que situaciones similares pueden evitarse en el futuro.

Tomar un tiempo de espera
Todos los niños desean atención; incluso la atención negativa es deseable para ellos. Así que, si le gritas a tu hijo pequeño, simplemente estás reforzando el mal comportamiento. Pase algún tiempo con su niño pequeño y explique los tipos de comportamiento que resultarán en un tiempo de espera. Cada vez que usted está colocando a su niño pequeño en un tiempo de espera, usted debe hacer esto sin expresar ira o cualquier simpatía.

Expresión

En el capítulo anterior, se le dio información y consejos útiles sobre cómo puede explicarle las emociones a su hijo. Usted debe hacer que sea un punto para explicar acerca de las diferentes emociones de su hijo. No sólo debe explicar estas cosas, sino que también debe enseñarle cómo puede expresar sus emociones. Su niño debe entender que todas sus emociones son válidas, pero la forma en que las expresa es lo único que importa. Debes enseñarle a expresar sus sentimientos negativos de una manera asertiva sin herir a los demás. Por ejemplo, si su hijo se siente mal de que usted no le estuviera prestando atención mientras hablaba, podría terminar lanzando un berrinche temperamental para llamar su atención. Si ese es el caso, entonces anímelo a compartir sus emociones. Pídale a su hijo que le diga cada vez que se sienta mal por algo; especialmente si sus acciones resultaron en las emociones que está experimentando. No seas despreciativo y escucha pacientemente todo lo que tu hijo dice.

Elogie a su hijo

Si usted nota que su hijo es capaz de manejar sus emociones sin perder el control de la situación, entonces usted debe elogiarlo por su esfuerzo. Si usted ve que su hijo está tratando muy duro de hacer todo esto, entonces usted debe ser alentador. Al elogiarlo, usted está creando una imagen positiva de sí mismo y le está dando la motivación para seguir haciendo lo mismo en el futuro.

Capitulo 11

Errores Cuando Disciplina a su Niño

Es posible que hayas intentado usar diferentes técnicas para disciplinar a tu hijo pequeño como consecuencias lógicas, quitarle privilegios y dar tiempos de espera. Incluso después de todo esto, usted no es capaz de hacer que su hijo se comporte. Si ese es el caso, entonces es muy probable que esté cometiendo uno o más errores de crianza discutidos en esta sección. A medida que comience a evitar los diferentes errores que se analizan en esta sección, verá un cambio positivo en el comportamiento de su hijo.

Regaño o grito
Usted es responsable del comportamiento de su hijo, así como de su seguridad. Cada vez que vea a su hijo participar en cualquier comportamiento peligroso o dañino, como empujar a otro niño mientras juega o incluso correr a la calle, debe abordarlo inmediatamente. Sin embargo, usted no debe disciplinar a su hijo en público. Si grita, regaña o grita a su hijo en público o delante de los demás, su atención se centrará principalmente en todos aquellos que puedan escuchar la conversación en lugar de la lección que está tratando de enseñarle. Si usted tiene que disciplinar a su hijo en público, siempre busque un lugar privado donde pueda hacer esto. Puede que no te des cuenta, pero incluso tu hijo es capaz de sentirse menospreciado, independientemente de lo joven que sea. Si no

puede encontrar un lugar privado para hablar con él sobre cualquier mal comportamiento, dígale acerca de su mal comportamiento, y hágale saber que hablará de ello una vez que esté en casa. No olvides cumplir esa promesa que hiciste.

Ser vago
Podrías haberle dicho a tu hijo pequeño un millón de veces que se supone que no debe lanzar sus zapatos por la habitación o dejar sus calcetines sucios en la cama. Independientemente del número de veces que le dijiste esto, podría seguir haciendo lo mismo. ¿Por qué crees que está haciendo esto? Por incrédulo que parezca, puede que no entienda realmente lo que le pides que haga. El comportamiento ideal que usted espera de su hijo generalmente difiere de una circunstancia a otra. Por ejemplo, pedirle a su hijo que se comporte mientras está en una cita de juego significará algo diferente de pedirle que se comporte mientras usted está en la tienda de comestibles. En el primero, usted está animando a su hijo a compartir y ser más educado con sus amigos mientras que en el segundo, usted espera que mantenga la calma y no haga un berrinche. Siempre debe hacer cualquier dirección que le dé a su hijo tan específica como sea posible que pueda hacerlas. Siempre que le diga a su hijo que no haga algo, debe decirle lo que puede hacer en su lugar. Por ejemplo, si no quieres que tire sus calcetines sucios en la cama, dile dónde debe tirarlos en su lugar. Entonces, puedes decirle, "No tires los calcetines sucios en la cama, sino tíralos en la cesta de la ropa". En lugar de hablar de lo que no debe hacer, dígale lo que puede hacer en su lugar para mostrar un comportamiento ideal.

Esta regla es cierta incluso cuando usted está reprendindo a su hijo. Por ejemplo, si no quieres que golpee a sus amigos o a sus hermanos mientras juega, podrías decir algo como "no golpear". Incluso después de enviar esto si usted nota que su hijo continúa participando en este comportamiento, ¿qué puede hacer? Es hora de cambiar de pista, y puedes decir algo como, "Dije que dejaras de golpear. Si usted está molesto, háblame de ello.

Sin soborno
Si su hijo está teniendo un berrinche temperamental en medio del pasillo de productos en el supermercado, ¿qué hará? Independientemente de lo que decidas, no te sientas tentado a cortar esto prometiéndole una barra de chocolate en el mostrador de pago. Esta estrategia sólo podría funcionar por el momento. Si usted comienza a sobornar a su hijo, esencialmente está aumentando su mal comportamiento. Si sigues con eso, no te sorprendas si tu niño se niega a escucharte o lanza un berrinche cuando quiere algo en el futuro. Su niño pequeño debe entender que el buen comportamiento, independientemente de si está sentado pacientemente a través de una película, o ser amable con su amigo, no viene con una recompensa asociada. El buen comportamiento es algo que esperas de él, y él debe comprender esto.

Hambre
Nunca descuide la ira de su hijo. Usted no puede esperar que su hijo se comporte bien si tiene hambre. El hambre no solo dificulta que su hijo se concentre, sino que también aumenta las posibilidades de mal comportamiento. Es posible que su hijo necesite un refrigerio

antes de que esté listo para escucharlo. Si hay un problema con el que tienes que lidiar, colóquelo en espera hasta que su barriga esté llena. Por ejemplo, si vio a su hijo sacar el juguete de su amigo de sus manos, puede volver a examinar el problema más tarde. Mientras tanto, pregúntale si tiene hambre, y ofrécele un bocadillo. Una vez que su barriga esté llena, estará en una mejor posición para escuchar lo que tengas que decir. Usted puede usar este enfoque cuando su hijo tiene sueño o incluso está cansado. Dormir, cansancio o hambre pueden hacer que su hijo esté bastante malhumorado e impaciente. Si su hijo está experimentando alguna de estas cosas, puede ser muy difícil llegar a él. No trates de disciplinarlo en tal situación, y ponerlo en espera hasta un momento después. Una vez que haya corregido el desencadenador, puede solucionar el problema.

Dejar de la conferencia
Por supuesto, es su responsabilidad reprender a su hijo cada vez que haga algo malo. Debe permitir que su hijo sepa que fue un error de él verter un vaso de agua sobre su amigo. Sin embargo, su mal comportamiento no pide una larga conferencia. De hecho, su hijo probablemente podría estar distraído después de escuchar una o dos de las frases que usted dice. En lugar de darle clases, simplemente explique por qué no fue una buena idea empaparte de agua a su amigo. Asegúrese de que está aclarando por qué no debe repetir tal comportamiento en el futuro. Una vez que hagas esto, es hora de seguir adelante. Deja de seguir y seguir.

Mantener la calma

Podría ser difícil mantener la calma si su hijo lanza su teléfono a través de la habitación o tira su costoso maquillaje por el inodoro. Cada vez que recurre a los gritos, esencialmente está socavando su capacidad de llegar a su hijo. Los niños pequeños no pueden aprender la lección que los padres quieren cuando están siendo gritados. Cada vez que grites o le gritas a tu hijo pequeño, él se apagará, se apagará o se enfadará en respuesta. Ninguna de estas cosas es deseable cuando usted está tratando de disciplinar a su hijo. Tenga en cuenta que su hijo puede alimentarse eficazmente de su ira e incluso devolver lo mismo. Por lo tanto, es hora de cambiar sus tácticas y empezar a abordar cualquier mal comportamiento usando un tono tranquilo. Hable acerca de su comportamiento problemático, y también dígale la consecuencia de tal comportamiento. Puede que no resuelva ningún problema de comportamiento que tenga de la noche a la mañana, pero dentro de un mes o dos, usted será capaz de ver alguna mejora.

Nunca lo tomes como algo personal; hay diferentes razones por las que los niños pequeños tienden a actuar. Estas razones pueden ir desde la falta de autocontrol hasta su sentido natural de curiosidad. Tal vez su niño está tratando de probar sus límites o quiere su atención. Independientemente de la razón por la que esté actuando, por favor entienda que no lo está haciendo porque no le gustas. La mayor parte del mal comportamiento exhibido por los niños pequeños es porque está tratando de entender cómo puede satisfacer sus deseos o necesidades. Estas cosas pueden significar más afecto, y una cucharada extra de helado, o incluso un tiempo de juego prolongado. Usted se volverá menos cariñoso con su hijo si comienza a tomar estos arrebatos personalmente. No permita que dañe el vínculo que comparte con su hijo. No retenga abrazos y besos, y muéstrele a su hijo que lo ama. Al mismo tiempo, debes hacerle entender que no está bien ser irrespetuoso contigo.

No compare a los Niños
Por lo general, los padres que tienen que lidiar con más de dos niños a la vez tienden a comparar uno con el otro. Por ejemplo, si su hijo es desobediente, no lo compare con su hermano o incluso con sus amigos. Al decir algo como, "si tu hermano puede comportarse correctamente, ¿por qué no puedes?" simplemente lo estás avergonzando por su comportamiento. No lo avergonzes por su comportamiento, y en su lugar lo corrijas. Cuando se trata de disciplinar a su hijo, usted debe enfocarse en corregir cualquier comportamiento indeseable. El objetivo de la disciplina no es compararlo con otra persona. Deje de comparar a su hijo con otros niños. Cuando usted hace esto, usted notará que los berrinches de su hijo se han reducido. Aparte de esto, las comparaciones innecesarias a menudo crean emociones feas como los celos y la competencia indeseable. Usted no necesita que su hijo experimente tales emociones. Ama a tu hijo por lo que es, y ayúdalo a ser más disciplinado.

No exageres
Siempre que usted está molesto con su niño pequeño, es bastante fácil de reaccionar exageradamente. Sin embargo, si desea disciplinar a su hijo eficazmente, entonces el castigo que le da debe

ser proporcional al mal comportamiento. No debe ser proporcional al nivel de frustración que sientes, sino a la forma en que se comportó. Al repartir los castigos más lejanos, usted está deteniendo efectivamente el proceso de disciplinar a su hijo. No sólo son injustas tales penas, sino que también se hace difícil hacerlas cumplirlas. Por ejemplo, si usted está molesto porque su hijo no se está cambiando a su ropa de noche, no debe castigarlo quitándole sus privilegios de cuento antes de acostarse. Este castigo es injusto e innecesario. No permitas que tu frustración guíe tus acciones y ate tu racionalidad. Si desea evitar que se refuercite por las principales sanciones, comience a establecer ciertas reglas del hogar junto con las consecuencias de no seguir dichas reglas.

Deja que las cosas se deslicen
Cuando se trata de hacer cumplir cualquier regla que establezcas, el comportamiento esporádico es un estricto no-no. Si usted hace cumplir esporádicamente alguna regla, esencialmente está enseñando a su hijo que no es gran cosa si las rompe. Incluso podrías llegar a suponer que no hay ramificaciones por mal comportamiento. La incoherencia le dice a su hijo que está bien no escucharlo. Aparte de esto, también es bastante confuso para un niño pequeño. Por ejemplo, si dejas que tu niño te golpee mientras juegas, él vendrá a creer que está bien hacer esto cada vez que esté enojado o enojado. Usted debe establecer ciertas expectativas para el tipo de comportamiento que espera de su niño pequeño y volver a visitarlas regularmente.

Capitulo 12

Cambia la Forma de Hablarle a Tus Niños

Escuchar es un arte perdido en estos días. Muchos adultos a menudo tienen dificultades para escuchar pacientemente a los demás. Entonces, ¿cómo puedes esperar que tu hijo pequeño sea un buen oyente? Bueno, un simple hecho que debes aceptar cuando estás tratando con tu niño es que él no es un buen oyente. Por lo general, esto se debe a que no tienen las habilidades necesarias para interiorizar lo que le digas. Por lo tanto, a menudo puede repetir lo mismo una y otra vez para llamar la atención. Esté preparado para hacer esto, y usted debe ser paciente mientras hace esto. Dicho esto, hay ciertos cambios simples que pueden hacer para asegurarse de que su niño le escuche.

Gritar

Gritarle a su hijo no es efectivo. De hecho, considéralo como un curso intensivo en todas las peores cosas que puedes hacer mientras te comunicas con otros. Este no es el tipo de ejemplo que debe dar para su hijo. Aparte de eso, otro problema con los gritos es que perderá rápidamente su poder y se normalizará. Una vez que esto suceda, independientemente de lo fuerte que le grites o le grites, será ineficaz. Cuando esto sucede, todo lo que te quedará es un dolor de cabeza y un tyke rebelde. Entonces, ¿cómo puedes cambiar todo esto? Bueno, una técnica efectiva es volverse silencioso. Si usted se acerca mucho a su hijo y comienza a hablar en un tono más profundo, la solicitud que usted haga de su hijo parecerá más seria. Esta es una gran técnica que será útil; especialmente mientras su hijo está teniendo una crisis o está lanzando un berrinche temperamental. Asegúrate de mantener la calma y la calma que interrumpir su mal comportamiento. Eventualmente, incluso su hijo bajará. Cuando esto sucede, usted ha logrado con éxito su motivo sin levantar la voz.

Cómo activarse

Debes hacerle entender que eres, de hecho, muy serio sobre lo que le estás diciendo. La forma más sencilla de hacerlo es acercándose a ellos. Por lo tanto, si usted está de pie en la cocina y gritando a su hijo que está en la sala de estar, es hora de cambiar esto. Su solicitud no parecerá lo suficientemente significativa para su niño cuando lo haga desde otra habitación. Bueno, si ni siquiera pudiste llegar a la misma habitación que tu niño, ¿qué tan importante debe ser la solicitud? Precisamente, esto es lo que su niño pequeño estará pensando en este momento. Además, siempre que estés hablando con tu hijo pequeño, asegúrate de bajar a su nivel. Cuanto más cerca estés de él, más atención se verá obligado a prestarte. Aparte de esto, también muestra que todo lo que le estás pidiendo que haga es importante porque estás haciendo un esfuerzo para hablar con él. Esto es bastante similar a la forma en que su gerente podría sentarse junto a su escritorio hasta que haga algo en lugar de enviarle un correo electrónico sobre la tarea en cuestión.

Hazlo simple

Su niño se está acostumbrando a seguir instrucciones. Cuantas más palabras uses, menos entenderá. Por lo tanto, debe shacer todas las direcciones que dé bastante simple y fácil de entender. Aparte de esto, tenga en cuenta que se está acostumbrando a entender ciertos conceptos negativos como "no" o "no". Hasta ahora, sus peticiones nunca fueron negadas, y nunca se le pidió que se abstuviera de hacer algo. Ya que solo está introduciendo estos cambios, no espere que sea totalmente compatible. Puede que ni siquiera entienda completamente el significado de las palabras que dices. No permitas que el mensaje que quieres que entienda, se pierda en una corriente de palabras. Cuanto más hables, menos entenderá. Si quieres que tu niño deje de correr en la casa, no le digas: "Sabes que no puedes correr en la casa, ¿verdad?" En su lugar, dile, "no corras. ¡Por favor, camine!"

Usando su nombre

La forma más rápida de llamar la atención de alguien es usando su nombre. Por lo tanto, comience a usar el nombre de su hijo siempre que desee llamar su atención, especialmente mientras lo disciplina. Por ejemplo, si desea que su hijo recoja sus calcetines, use su nombre mientras le da esta instrucción. A los niños pequeños a menudo les resulta difícil concentrarse en una cosa durante un largo período. Al usar su nombre, usted está ganando rápidamente su atención. Espera a que te mire o deja de hacer lo que esté haciendo antes de darle más instrucciones.

Contacto con los ojos

Mantenga contacto visual siempre que esté conversando con su hijo. Al hacer esto, no sólo estás exigiendo su atención, sino que también le estás prestando toda tu atención. A veces, es posible que necesites bajar a su nivel o tal vez sentarte a la mesa con él. Siempre que esté hablando con su hijo, mantenga contacto visual. Esto no sólo demuestra el tipo de comportamiento que desea de él, sino que también hace que sea más fácil para usted escucharse unos a otros. La forma más sencilla de iniciar el contacto visual es diciendo su nombre.

Uso de lenguaje positivo

Hay ciertas palabras que no debe repetir con frecuencia. Si sigues diciendo las palabras "no" o "no" repetidamente, perderán su valor. En lugar de pedirle que deje de hacer algo, dile lo que esperas de él. Por ejemplo, si su hijo está sosteniendo un vaso y usted tiene miedo de que lo deje caer, entonces en lugar de decirle, "no deje caer el vaso", puede decirle, "es un vaso especial que está sosteniendo, tenga cuidado". Siempre que se comunique con su hijo, especialmente cuando esté corrigiendo su mal comportamiento, evite usar palabras que puedan sonar como si lo estuviera ridiculizando o incluso avergonzándolo. Cuando usted usa ese lenguaje, usted es esencialmente degradante, la autoestima de su hijo. Aparte de esto, su hijo también podría comenzar a suprimir sus emociones porque tiene miedo de lo que usted podría decir. En lugar de todo esto, debe hacer un punto para utilizar palabras positivas y amables para transmitir su mensaje con eficacia. El respeto es una calle de dos vías, así que si espera que su hijo lo respete, también debe ser respetuoso con él.

Darles opciones

Si desea que su niño pequeño coopere con usted, es más fácil si puede entender por qué debe hacer algo y cómo le beneficiará. Debe entender por qué es importante que siga sus instrucciones. Hay dos palabras que debe incorporar regularmente en las conversaciones que tiene con su hijo para que sienta que tiene una opción. Estas dos palabras son cuál y cuándo. Por ejemplo, puede decirle a su hijo, "cuando guarda sus juguetes, puede venir a buscar una galleta" o "cuando se viste, puede ir a dar un paseo con mamá". El uso de estas palabras es más eficaz que usar "si" en las conversaciones. Cuando su niño siente que tiene una opción, su disposición a cumplir con sus instrucciones aumentará.

Diga sus expectativas

Si le pide a su hijo que se lave los dientes, podría decir: "Ve a cepillarte los dientes". Le has dado una oportunidad, y en su mente, no necesariamente tiene que cumplir con tu demanda. ¿Qué pasa si tu hijo pequeño dice que no quiere lavarse los dientes? Para evitar esto, debes dejar muy claro lo que necesitas que haga. Entonces, dile, "Necesito que te laves los dientes ahora mismo." No sólo estás eliminando cualquier ambiguedad, sino que estás aclarando lo que esperas de él. Si incluyes la frase, "o de lo contrario" en cualquier dirección que le des, asegúrate de seguir adelante. Si le dices a tu hijo, "¡mantén tus juguetes alejados, o de lo contrario no más Tv por el día!" Entonces prepárate para seguir adelante con el castigo que describiste. Si no lo sigues, tu hijo pequeño dará por sentada tu autoridad.

Ser un buen oyente
Si quieres que tu niño se convierta en un buen oyente, entonces debes ser un buen oyente. La mejor manera de hacer que haga algo es modelando un buen comportamiento. Al escuchar atentamente lo que dice y estar atento, esencialmente le estás enseñando a ser un buen oyente también. Si rara vez prestas atención a lo que dice, entonces él comenzará a creer que está bien no escuchar cuando otros están hablando.

Después de un tiempo, con mucho esfuerzo, consistencia y al modelar un buen comportamiento, es posible que puedas hacer que tu hijo pequeño preste atención mientras le hablas sobre tu día. Un buen día, usted podría notar que su niño pequeño está asintizando con la cabeza junto con usted mientras cuna sobre todas las presentaciones que tiene que hacer.

Capitulo 13

Maneja la Ira

De vez en cuando, es posible que no puedas regular tu ira. Ciertamente nos pasa a los mejores de nosotros. Podrías estar pasando por tu día, y podría sentir que el mundo entero está ahí fuera para atraparte. Su plato favorito se rompe, la niñera cancela, no se pueden encontrar los ingredientes necesarios para cocinar, un plazo urgente brota sin previo aviso, y luego su niño coloca inocentemente la paja final, que en última instancia rompe la espalda del camello. Por un momento, el policía malo se desata, que grita por frustración. El policía malo deja a un niño sorprendido junto con mucha culpa y arrepentimiento en tu cabeza. Bueno, si alguna vez has enfrentado este tipo de situación, entonces no estás solo.

A ningún padre le gusta gritar a sus hijos, especialmente a los jóvenes que todavía están aprendiendo acerca de comportamientos aceptables e inaceptables. Gritarle a su hijo, especialmente a su hijo pequeño hace más daño que cualquier bien que pueda. No sólo disminuye la autoestima de su hijo junto con la confianza, sino que también pone una tensión en la relación que comparte con él. De hecho, los psicólogos parecen pensar que gritar a los niños a menudo causa comportamiento antisocial en ellos más adelante en la vida.

Gritarle a su hijo es sin duda un impuesto para él, mental, emocional y físicamente. No sólo el niño, pero es bastante gravosing para los padres también. La acumulación de ira o frustración a menudo se relaciona con la secreción de cortisol (hormona que induce el estrés), que a su vez aumenta la presión arterial. Exceso de estrés también se cree que es la causa de varios problemas de salud crónica. Por lo tanto, es seguro decir que los gritos son malos tanto para usted como para su hijo. Si usted quiere dejar de gritarle a su hijo para que se comporte, entonces usted debe llegar a un, y un enfoque más saludable para hacer frente a tales situaciones en las que usted sabe que la paciencia se ha ido. En esta sección, aprenderás sobre diferentes consejos que puedes usar para manejar tu ira mientras tratas con un niño rebelde.

Respiración profunda

Siempre que te sientas estresado o enojado, tómate un descanso de la conversación y concéntrate en tu respiración. Vacía tu mente de todos los pensamientos y concéntrate solo en la forma en que inhalas y exhalas. Tomó un par de respiraciones profundas y exhala lentamente. A medida que el oxígeno comienza a precipitarse hacia el torrente sanguíneo, puedes sentir lentamente que tu ira se disipa. Aparte de esto, también te da un momento o 2 para componer tus pensamientos. Una vez que estás tranquilo, tu capacidad de pensar mejora claramente. Aparte de esto, al tomar un descanso de una situación estresante, se puede llegar a una solución más eficaz al problema en cuestión.

Empieza a sonreír

Cada vez que sientas que estás perdiendo el control de tu ira o cualquier otra emoción negativa, usa cualquier poco de determinación, tienes que poner una sonrisa en tu cara. Siga la política de falsificación hasta que lo haga en esta situación. Al sonreír, puedes distraer tu mente de todos los pensamientos innecesarios que están induciendo la ira. Aparte de esto, sonreír también ayuda a reducir los niveles de estrés que experimentas. Incluso una sonrisa falsa tiene un efecto similar en su cuerpo.

Cantar

Es bastante difícil estar enojado si estás cantando tu canción favorita o una canción que te gusta. Al cantar una canción, puede transmitir el mensaje que desea sin preocuparse por el arrepentimiento o la culpa, que se produce cuando pierde el control de su ira. Si lo desea, puede dar un paso adelante y obtener acentos divertidos para transmitir cualquier mensaje que esté tratando de. Aparte de esto, podría venir como una agradable sorpresa para su niño pequeño y sin duda aumentará las posibilidades de escuchar lo que tenga que decir.

Tomar una foto

Su maquillaje favorito se tira por el inodoro, sus joyas preciosas están esparcidas por el suelo, sus platos de porcelana prístina están acostados destrozados en el suelo, o tal vez incluso una bolsa de azúcar se derrama en el suelo. Todos estos momentos exasperantes son parte de la paternidad, y debes aprender a lidiar con ellos sin perder la calma. Sí, es bastante frustrante, pero gritarle a su hijo no servirá para ningún propósito. En lugar de gritarle a tu pequeño, tómate este momento para tomar un par de tareas para tu álbum de fotos. Podría ser molesto lidiar con tal situación en este momento, pero un par de años más adelante, estas imágenes harán que sea un recuerdo bastante risible y alegre más tarde.

Aplicación de las reglas
El mero hecho de que no le grites a tu hijo pequeño no significa que no se haga responsable de ningún error que cometa. Siempre habrá consecuencias por comportamiento irrespetuoso o cualquier comportamiento indeseable. En lugar de gritarle a su niño pequeño, responsasea de cualquier consecuencia natural de la consecuencia lógica que haya sido preasignada a la regla que acaba de romper.

Repetir un mantra
Al repetir un mantra, puedes calmarte y calmarte eficazmente. Cuando sientas que estás a punto de perderlo, repite sobre la afirmación positiva o la frase que te guste. Por ejemplo, puedes usar una frase simple como: "Amo a mi hijo más de lo que amo eso (cualquier objeto que fue destruido)". Al repetir esta frase una y otra vez, estás calmando notablemente tu mente, pero también te estás dando un momento para reunir tus pensamientos. Si quieres hacer esto, también puedes repetir una frase simple como: "Estoy tranquilo, y estoy relajado". Repite cualquier afirmación positiva que quieras. El acto de repetir la misma frase una y otra vez impide que el cerebro resalga más pensamientos negativos y te ayuda a recuperar el control de tus emociones.

Profundiza un poco

Como se mencionó durante la parte inicial de este capítulo, a veces, el comportamiento inocente de su hijo podría ser la gota que colma el vaso que lo hace volverse loco. Cada vez que te sientas enojado, es hora de profundizar un poco más y mirar la causa principal de tu ira. Tal vez sea debido al día estresante que tuviste en el trabajo, o cualquier otro inconveniente que hayas enfrentado. Todos estos factores pueden hacerte enojar injustificadamente. Debido a esto, podrías terminar sacando tus frustraciones a tu pequeño. Para evitar que hagas esto, pasa un momento y concéntrate en la auto-reflexión. Sin duda se sentirá muy culpable por gritar innecesariamente a su pequeño o enviarlo a la zona de tiempo de espera por no culpa suya. Otras veces, si usted mira un poco más profundo, usted podría encontrar algo innegablemente lindo o adorable sobre el comportamiento de su hijo. Por ejemplo, es posible que esté bastante molesto porque su hijo está usando su lápiz labial favorito como un crayón. Su ira está justificada, pero si mira un poco más de cerca, notará la inocencia de su hijo. Su hijo no arruinó su lápiz labial favorito intencionalmente. Podría haber pensado que era un crayón elegante. Trate de deleitarse y disfrutar de ese pequeño momento de la inocencia de su niño pequeño porque nunca volverán. Puedes decirle tranquilamente por qué no debe usar el lápiz labial en lugar de gritarle.

Come un chocolate

Si sientes que estás a punto de estallar en cualquier momento, pierde el control de tu ira, toma un descanso y toma rápidamente un bocado de chocolate. El chocolate ayuda a liberar buenas hormonas en el cerebro, y puede calmarte eficazmente. Sin embargo, no te dejes llevar por comer atracones. Regula la cantidad de chocolate que tienes e, idealmente, apegarte al chocolate negro.

Jugando a lo largo

Los niños pequeños pueden ser un poco molestos de vez en cuando. Su niño pequeño podría hacer que vea el mismo video una y otra vez porque le parece gracioso. Puede que te siga contando el mismo chiste repetidamente porque lo encuentra entretenido, o puede esperar que lo veas y lo animes mientras realiza el mismo truco una y otra vez. Estos momentos pueden ser bastante enloquecedores, especialmente cuando te impiden hacer tus tareas. Bueno, en lugar de ser el padre, ¿por qué no empiezas a jugar con tu hijo? Si a tu niño le gusta ver un video específico, luego, al siguiente lo toca, ¿por qué no cantas con él? Esto lo mantendrá entretenido, y te permitirá desahogarte un poco. Aparte de esto, es una gran oportunidad para que usted se vincule con su niño pequeño. A veces, lo mejor que puedes hacer es seguir el juego. Está bien ser tonto de vez en cuando.

Alejate

A veces, lo más productivo que puede hacer es alejarse físicamente de una situación específica. Si sientes que estás al límite y no es tu hijo pequeño el que se está portando mal, entonces aléjate de la habitación. Todos los padres tienden a tener días como este, y es hora de ponerse en un tiempo de espera. Al tomar un descanso de la circunstancia específica que parece estar desencadenando su ira, usted se está dando un poco de tiempo para calmarse. Puedes reunir tus pensamientos y recuperar el control de tus emociones haciendo esto. Si esto no funciona, entra en tu habitación y grita en una almohada si te apetece. O tal vez pasar algún tiempo, y tomar nota de todas las emociones frustrantes que estás sintiendo en un diario.

Encuentra el Forro de Plata

Incluso si cada célula de tu cuerpo te está gritando para gritarle a tu hijo, no cedas a este impulso. Si siempre le gritas a tu hijo, rápidamente empezará a creer que nunca puede hacer nada para complacerte. Bueno, es muy improbable que una persona pueda hacer todo mal. A veces, puedes intentar sacar lo mejor de una mala situación calmándote. En lugar de reaccionar agresivamente, y mantener su calma, usted no sólo está modelando un buen comportamiento para que su hijo lo siga, sino que también le está enseñando una valiosa lección. En lugar de esconderlo por todos los errores que ha cometido, trate de hablar con el tipo de comportamiento que espera que retrate. Cuéntale sobre las cosas en las que debe trabajar y ayúdale a mejorar su comportamiento. Esto es ciertamente más efectivo que gritarle.

Entra en los zapatos del otro

Al cambiar la forma en que ve la situación, puede difundir rápidamente cualquier tensión presente. En lugar de quedarse atascado en sus propias perspectivas, intente ver la situación desde la perspectiva de su niño pequeño. Si nota que su niño pequeño frecuentemente lanza berrinches temperamentales cada vez que lo lleva de compras, intente ver la situación desde su perspectiva. Tal vez lanza estos berrinches porque siente que lo ignoras o que no lo escuchas. En lugar de hacerle sentir que está siendo arrastrado a algo que no quiere hacer, puedes intentar involucrarlo en la actividad en la que está participando. No lo obligues a acompañarlo, y buscar activamente sus opiniones. Si usted está comprando alimentos, ¿por qué no entrega la lista de comestibles a su niño pequeño? Cada vez que elija un artículo, pídale a su niño pequeño que golpee a mi artículo fuera de la lista. Al involucrarlo en la actividad, lo estás haciendo sentir como un miembro valioso de la familia. Las posibilidades de que su niño respete sus deseos aumentan cuando usted deja de respetarlo. Después de todo, el respeto es una calle de dos vías. Sin embargo, asegúrese de que su niño pequeño esté bien alimentado, descansado e hidratado antes de tales viajes de compras.

Hable acerca de sus sentimientos
Si sientes que estás a punto de perder la calma, entonces dile a tu niño lo mismo. Dile que estás a punto de perder la paciencia o que te estás molestando por su comportamiento. Esto funciona efectivamente como una advertencia no sólo para el niño pequeño, sino incluso para usted mismo. Le permite a su niño entender que tal vez debe dejar de hacer algo o empezar a hacer algo. Si usted le ha estado diciendo repetidamente que limpie sus juguetes, y él no está escuchando, es muy probable que se sienta frustrado. En tal caso, dígale que se está enfadando debido a su comportamiento. Esto le dará la señal de que se supone que debe escucharte y finalmente limpiar. También actúa como una advertencia para usted de que algo no va bien, y se supone que debe cambiar su enfoque en esa situación. Te permite recuperar el control de tus emociones y no

suprimirlas. Simplemente aceptando lo que sientes, tendrás un mejor control de la situación.

Abraza a tu niño pequeño

Es muy difícil gritarle a alguien, especialmente si lo estás sosteniendo en un abrazo amoroso. ¿Cómo puedes enojarte con tu hijo pequeño si está sentado en tu regazo? Si usted comienza a ser molesto debido a algo, dar a su niño un abrazo apretado! Apreciará el abrazo inesperado, y su calor te calmará. Un abrazo es un gran factor de estrés. Este simple gesto puede difundir eficazmente la situación y fortalecer su vínculo con él. Así que, la próxima vez que sientas que tus emociones se están saliendo de control, ¡busca un abrazo inmediatamente!

pedir disculpas

Habrá momentos en los que usted pierde la calma y termina siendo duro con su niño pequeño. Como padre, debes esperar esto. No sólo debe anticipar estas cosas, sino que también debe tener un plan de acción para hacer frente a las secuelas. Si te das cuenta de que tu ira no fue necesaria, entonces es hora de disculparte. Si te resbalas y gritas, es hora de aceptar la responsabilidad de tus acciones y volver a comprometerte a hacer un mejor trabajo. Al disculparse con su niño pequeño, le está mostrando que lo respeta y que los ama. Aparte de esto, también le estás diciendo que no eres perfecto y que estás tratando de mejorar. Esta es una lección valiosa para su niño pequeño.

Criar a un niño pequeño es un trabajo de tiempo completo emocionalmente cargado y una responsabilidad que no puedes pasar por alto. Habrá momentos en que tu pequeño paquete de alegría podría ser la fuente de frustración que sientes. Puede que te odies pensando así, pero todos los padres tienden a experimentar estos sentimientos de vez en cuando. Es bastante normal y está bien. Sin embargo, la forma en que tratas esos pensamientos es lo único que importa. En tales situaciones, por lo general tienen dos opciones - puede permitir que sus emociones obtengan lo mejor de usted o puede recuperar el control de sus emociones. Si quieres recuperar el control de tus emociones y lidiar con cualquier situación que se te ocurra con calma y frescura, entonces comienza a seguir los diferentes consejos que se dan en esta sección. Los consejos discutidos en este capítulo no sólo son aplicables a la crianza, pero la mayoría de ellos se pueden utilizar en diferentes aspectos de su vida también. Una vez que estás tranquilo y en control de tus emociones, se hace más fácil pensar racionalmente y encontrar soluciones lógicas a cualquier problema que estés enfrentando.

Capitulo 14

Lidiar Con Niños Tercos

La terquedad es un rasgo común entre los niños pequeños. Dicho esto, no es fácil tratar con los niños pequeños tercos, y puede llegar a ser bastante estresante para los padres y otros cuidadores en la vida del niño. La terquedad se refiere a menudo como la determinación de un individuo de no cambiar su actitud o sus opiniones. Uno de los principales obstáculos que cualquier padre enfrentará mientras trata con su hijo pequeño es la terquedad. La mayoría de los niños pequeños tienden a ser bastante fuerte-voluntad y desafiante. Su falta de voluntad para ceder a los deseos de sus padres es casi insignificante. Sin embargo, hay ciertos niños pequeños que tienden a ser más desafiantes y más fuertes que otros. El conflicto de intereses causado debido a su creciente intelecto, junto con la autoridad ejercido por los cuidadores en su vida, es a menudo la razón de su terquedad. Por lo general, el comportamiento obstinado exhibido por un niño pequeño viene de dentro, y no es causado debido a ningún factor externo.

Si su niño tiende a mostrar alguna agresión, se niega a todo lo que le pida que haga, o habla y nunca le escucha, entonces todos estos son signos de comportamiento obstinado. Estos patrones de comportamiento se hacen bastante evidentes cuando su niño comienza a sentir que está siendo obligado a hacer algo que no quiere. Su actitud hacia su niño pequeño y el tono o el tono de su voz en el que se comunica con él, son dos factores que a menudo desencadenan su terquedad.

Si su niño pequeño está exhibiendo niveles irrazonables de terquedad, entonces usted debe trabajar en la solución de este problema tan pronto como sea posible. La terquedad es bastante normal entre los niños pequeños, pero no es un comportamiento que no se puede permitir ignorar. Si sigues sin tener en cuenta la terquedad de tu niño o sigues cediendo a sus deseos, simplemente lo estás condicionando a creer que puede salirse con la suya con lo que quiera. Sin embargo, es bastante triste que no muchos padres sepan claramente cómo tratar con los niños que tienen que ver con los niños que tienen que ver con los niños. Con un poco de ayuda y orientación, puede guiar eficazmente su fuerte voluntad en una dirección positiva. Si usted está tratando con un niño obstinado, a continuación, empezar a utilizar los diferentes consejos dados en esta sección para ayudarle en el camino.

Ofrecer una opción
Tenga en cuenta que la personalidad de su hijo se está desarrollando durante sus años de infancia. Durante esta fase, está tratando de entenderse a sí mismo, así como al mundo que está presente a su alrededor. La forma en que un niño piensa es muy diferente de la forma en que los niños mayores piensan debido al hecho de que su desarrollo cognitivo todavía está en sus etapas primarias. Si desea que su hijo lo escuche o haga algo, entonces la mejor manera de hacerlo es ofreciéndole una opción. Esto le hará sentir que es importante, y su afán de hacer la tarea aumentará. Por ejemplo, si

quieres que se prepare para la cama rápidamente, entonces en lugar de cambiarse de ropa, dale la opción de elegir su ropa de noche.

Tomar decisiones es una habilidad importante que todo individuo debe poseer en la vida. Usted puede comenzar a enseñar esta habilidad a su niño tan pronto como tenga dos años de edad. Todos vivimos en un mundo de excesos, y siempre hay muchas opciones. Por lo tanto, aprender a tomar decisiones es una habilidad indispensable. Dado que hay un montón de opciones, también significa que no entienden apreciar el valor de lo que tienen. Cuando le ofreces sólo dos opciones a la vez, no sólo le estás enseñando sobre la aceptación de ciertos límites, sino que también lo estás animando a empezar a valorar lo que tiene. También le enseña sobre el autocontrol.

Mantener la calma

Mientras lidia con la terquedad de su niño pequeño, nunca debe perder los estribos y mantener siempre la calma. Puede ser bastante difícil hacer esto, especialmente cuando su niño pequeño está exhibiendo un comportamiento difícil. No trates de explicarle las cosas en esta etapa y ciertamente no te dejes llevar por ningún argumento con él. Aparte de esto, no debealejarse de la situación. Si usted hace cualquiera de estas cosas, esencialmente está transfiriendo todo el control a su niño pequeño. Nunca deje que su hijo no quetestara como si estuviera en control de la situación. Mantenga siempre sus emociones en control y no permita que sus sentimientos gobiernen sus acciones. Usted es un adulto, y no puede dejar que su niño pequeño presione sus botones.

Conectar

Su niño experimentará el deseo de desafiar o rebelarse contra usted cuando comience a obligarlo a hacer algo que no desea. En lugar de tratar de obligarlo a actuar de cierta manera, trabaje en conectarse con él. Enlace con él, y que se involucre en lo que usted quiera que haga. Por ejemplo, podrías conseguir que encienda sus juguetes después de su tiempo de juego. Siempre que estés tratando con un niño testarudo, no uses un tono amenazante y di algo como, "Si no guardas tus juguetes ahora mismo, entonces (declara la consecuencia)". Cuando hagas esto, inmediatamente harás que tu niño sea defensivo, y su disposición a escucharte se disipará rápidamente. Es hora de cambiar tu estilo de crianza, y en su lugar, puedes decir algo como, "¿por qué no empezamos a guardar estos juguetes juntos?" O "¿qué tal si tratamos de guardar estos juguetes?" Simplemente cambiando la forma en que se acerca a la situación, puede hacer que su obstinado niño coopere con usted.

Llegar a un compromiso

Llegar a un compromiso puede sonar como una solución contraintuitiva, especialmente cuando se mencionó en los capítulos anteriores que nunca debe negociar con un niño rebelde. Bueno, cuando estás tratando con un niño excepcionalmente testarudo, entonces está bien llegar a un compromiso. En lugar de obligarlo a hacer lo que quieres que haga, pasar algún tiempo, y tratar de entender por qué se opone a la visión. Comprender las razones de su comportamiento irrazonable y empezar a trabajar para llegar a una solución aceptable. Sin embargo, mientras disfrutes de cualquier negociación con un niño que se opone a ti, debes asegurarte de que todo el control esté en tu mano. No permita que su hijo piense ni por un momento que él es el que tiene el control. Si empieza a sentir que él es el que toma los tiros, entonces rápidamente comenzará a socavar su autoridad. Aparte de esto, es su responsabilidad hacerle entender que ser testarudo no es algo bueno. Explíquele con calma que la voluntad fuerte no significa que siempre se salga con la suya.

Sin luchas de poder
Incluso si es difícil, haz que sea un punto para empatizar con tu hijo, especialmente cuando sea desafiante o rebelde. Trate de ver las cosas desde su perspectiva y entender las razones por las que está actuando. Cuando te comuniques con él, deja de usar frases como: "Debes hacer lo que te digo" o "Hazlo ahora mismo". Cada vez que usas tales frases, sólo estás activando su deseo de actuar. En su lugar, empieza a usar frases como, "¿por qué no intentamos esto?" "Vamos a intentarlo," o "¿puedes hacer esto?" Mientras se trata de un niño testarudo, usted debe las reglas apropiadas, que son claras y razonables. Una vez que su hijo comience a entender que usted está trabajando junto con él y está de su lado, entonces su disposición a cooperar y escucharlo aumentará.

Con la orientación y el cuidado adecuados, puede transformar fácilmente la terquedad de su niño pequeño en fuerza de voluntad positiva. Puede convertirse en un adulto seguro con el apoyo adecuado. Por lo tanto, comience a nutrir y guiar cuidadosamente a su pequeño en la dirección correcta.

Capitulo 15

Resolver Problemas Para Niños

Las habilidades para resolver problemas de su niño dependen esencialmente de la forma en que piensa, siente y entiende el mundo que lo rodea. Una combinación de todos estos factores es por excelencia para su desarrollo durante los primeros años de la infancia. Si le das la libertad necesaria para convertirse en un participante activo y explorar el mundo que lo rodea, aprenderá a comenzar a hacer conexiones que puedan aplicarse a diferentes áreas o aspectos de su vida a través de todas las experiencias que gana. Los niños pequeños son bastante curiosos, y por lo general les encanta disfrutar de actividades que se basan en juegos. Usted puede alentar la capacidad de su niño pequeño para resolver problemas dándole ciertos ejercicios y actividades, que lo harán, pensar de manera diferente y crítica. Hay dos aspectos del aprendizaje de las habilidades de resolución de problemas, y están identificando el problema y determinando la solución. La resolución de problemas significa esencialmente encontrar soluciones para un problema determinado. Para que un niño resuelva cualquier problema, requiere desarrollo mental que significa que tendrá que pensar, comunicar lo que quiere hacer y luego actuar sobre él. Cuando se trata de desarrollo cognitivo, aquí hay un par de habilidades de resolución de problemas incluye y son los siguientes.

- Creatividad
- Iniciador
- Pensamiento analítico
- Persistencia
- Razonamiento lógico
- Pensamiento lateral
- Comunicación
- Negociación.

Los niños pequeños son bastante curiosos, y siguen experimentando con diferentes cosas para entender la relación entre causa y efecto. Esta curiosidad suya es esencial para el desarrollo de habilidades para resolver problemas. Por lo tanto, si reorienta los esfuerzos de su niño pequeño y le da las actividades necesarias, puede alentar eficazmente sus habilidades para resolver problemas. Como adulto, es posible que te sientas tentado a ayudar a tu hijo pequeño. Sin embargo, al permitirle resolver sus problemas por sí mismo, se volverá más independiente.

Una vez que adquiera habilidades para resolver problemas, le dará la confianza necesaria para seguir adelante en la vida. Siempre que esté abordando cualquier consulta que su niño pequeño tenga, tenga en cuenta el lenguaje que utiliza. De hecho, el lenguaje que usas te da la oportunidad de enseñar a tu hijo pequeño sobre la resolución de problemas. Para empezar, puedes preguntarle a tu hijo pequeño qué piensa sobre un problema específico. Pídale que lo interprete como lo considere oportuno y luego comience a guiarlo hacia una solución lentamente. Al hacer preguntas comenzando con las palabras qué, cómo, cuándo, dónde, por qué y quién, esencialmente le estás incitando a buscar una respuesta. Dale a tu hijo pequeño la independencia necesaria para jugar y aprender. Aparte de esto, hay un par de actividades simples que puede dar a su niño para mejorar sus habilidades de resolución de problemas. La lista de diferentes actividades incluye lo siguiente.

Jugando con rompecabezas, ocultar y buscar objetos, trabajar con bloques, apilar anillos, jugar diferentes juegos como dice Simon, detectar la diferencia entre dos imágenes similares, el juego imaginativo utilizando objetos domésticos, agrupar elementos similares juntos, dibujar , jugando a vestirse, construir fuertes con cajas y sábanas, e incluso jugar juegos de memoria.

Desafiar a su niño pequeño para mejorar sus habilidades de resolución de problemas es bastante simple, y usted debe comenzar a hacer esto mientras es joven. Al enseñarle las habilidades desde una edad temprana, esencialmente estás allanando el camino para hacerlo más exitoso e independiente en la vida. Nunca es demasiado pronto para comenzar a aprender habilidades para resolver problemas. Así que, empieza hoy.

Aparte de las habilidades para resolver problemas, también debe enseñarle a su hijo acerca de la resolución de conflictos. La forma en que tratas los conflictos a menudo depende de cómo los que te rodean solían lidiar con sus problemas. Por lo general, los niños aprenden de sus padres u otros cuidadores. Es posible que hayas aprendido acerca de la resolución de conflictos al notar la forma en que tus padres solían interactuar contigo o con otras personas. También desarrollas habilidades de resolución de conflictos mientras interactúas con tus hermanos. Es esencialmente un proceso de prueba y error a través del cual usted podría haber determinado las maneras en que puede obtener los resultados que desea. La resolución de conflictos es más un arte que una ciencia. No hay respuesta que se adapte a todas las situaciones. Por ejemplo, hay diferentes factores que esencialmente influyen en la capacidad de un individuo para resolver conflictos. Estos factores incluyen el temperamento, las percepciones en la vida, el equipaje personal, etc. Debe estar preguntándose cómo puede enseñarle a su hijo acerca de la resolución de conflictos. Bueno, la forma más sencilla de hacerlo es permitiéndole experimentarlo mientras le da el apoyo y la guía que requiere.

Si desea enseñara a su hijo acerca de la resolución de conflictos, entonces no debe resolver los conflictos para él. Como adulto, esto podría ser todo un desafío para ti. Es posible que experimente la necesidad de intervenir y solucionar cualquier conflicto en la vida de su hijo. Siempre que haces esto, efectivamente estás impidiendo que aprenda a ser independiente. Si sigues resolviendo todos los conflictos por él, se volverá incapaz de manejar cualquier conflicto él mismo. En su lugar, ofrezca sugerencias o ideas sobre la forma en que su hijo puede resolver los conflictos por sí mismo. Como padre, usted debe permitir que su hijo resuelva los conflictos de la manera que él quiere mientras se asegura de que esté a salvo. No permitas que tu incomodidad o cualquier impaciencia te saque lo mejor de ti. La capacidad de su hijo para manejar las cosas en la vida esencialmente depende de su capacidad para resolver problemas. Tenga un poco de confianza y fe en el proceso de aprendizaje.

Siempre que esté trabajando en el desarrollo de las habilidades de resolución de conflictos de su hijo, debe evitar dar conferencias o avergonzarlo. Deje de subestimar a su hijo y no erosione la confianza de su hijo. Su niño está aprendiendo a ser más independiente en su vida. Si socavas su confianza en las etapas iniciales, tendrá un impacto negativo en su futuro.

Por lo general, los niños pequeños tienden a actuar cuando se enfrentan a un problema o un obstáculo que no pueden resolver. Para prevenir esto, es hora de enseñarle a su hijo acerca de las habilidades para resolver problemas. Se necesitará esfuerzo, tiempo y esfuerzo constante. Mientras hace esto, hable con su hijo acerca de los sentimientos que experimenta. Si su hijo tiene la edad suficiente para verbalizar sus emociones, será más fácil explicarle técnicas de resolución de problemas. Para ayudar a identificar sus emociones, puedes comenzar con preguntas básicas como, "¿qué sientes cuando no puedes hacer algo?" o "¿cómo te hace sentir cuando te enfrentas a un desafío?". Debes pedirle que analice por qué está experimentando las emociones que está.

Una vez que ha entendido el problema, es hora de resolver lo mismo. Pregúntale cómo querría resolver el problema. Por ejemplo, si usted está estableciendo alguna regla para el comportamiento deseable junto con las consecuencias de romper esas reglas, entonces incluya a su hijo en este proceso. Pregúntele cuál debe ser la consecuencia si no sigue ninguna de las reglas indicadas en la lista. Al hacer esto, usted le está haciendo pensar en las consecuencias mientras lo anima a pensar en posibles soluciones.

El último paso es pedirle que resuelva el problema utilizando las soluciones que se le ocurrieron. Por ejemplo, supongamos que el problema de su hijo es que sus amigos no quieren jugar el juego que quiere durante el tiempo de juego. El primer paso es animarlo a identificar sus sentimientos. Una vez que haga esto, pregúntale las formas en que puede convencer a sus amigos para que jueguen el juego que quiere. El último paso es empezar a utilizar diferentes soluciones hasta que resuelva su problema. Si no puede resolver su problema, ayúdelo. Dile que nunca debe recurrir a la agresión o lanzar berrinches si no puede resolver sus problemas.

Conclusion

Quiero darle las gracias una vez más por elegir este libro. Espero que haya demostrado ser una lectura agradable e informativa.

Bueno, estoy seguro de que después de repasar toda la información dada en este libro, su enfoque hacia la crianza ciertamente cambiará. Si no es eso, al menos comenzarás a cuestionar un par de cosas que haces como padre. Criar a un niño no siempre es divertido y juegos. Habrá momentos en que necesites hacer el papel de policía malo. Usted es responsable de su seguridad y bienestar. Por lo tanto, no dudes cuando debas discípulo a tu pequeño. Después de todo, lo estás haciendo todo por su propio bien. Podrías tener problemas con un par de estrategias dadas en este libro. Sin embargo, con un poco de práctica y paciencia, usted conseguirá el asumimiento de la misma. Como padre, es muy gratificante ver a su hijo exhibir un comportamiento positivo y deseable.

Ahora, todo lo que te queda por hacer es empezar a implementar los diferentes consejos prácticos y estrategias que se dan en este libro. Con un esfuerzo constante, práctica, paciencia y amor, ¡puedes disciplinar fácilmente a tu niño! Usted tiene el poder de enseñar a su niño pequeño sobre el buen comportamiento. Así que, ¡comienza hoy mismo!

Gracias y mis mejores deseos!

Resources

https://www.parents.com/niñoss-preschoolers/discipline/tips/niños-discipline/

https://www.verywellfamily.com/types-of-rules-kids-need-1094871

https://www.parents.com/parenting/better-parenting/advice/biggest-discipline-mistakes-youre-probably-making/

https://www.huffpost.com/entry/how-to-set-limits-for-kids_b_4610102

http://va.gapitc.org/you-can-do-it-teaching-niñoss-problem-solving-skills/?utm_source=rss&utm_medium=rss&utm_campaign=you-can-do-it-teaching-niñoss-problem-solving-skills

https://www.pbs.org/parents/thrive/5-strategies-to-help-kids-resolve-conflict

https://www.workingmother.com/content/discipline-solution#page-3

https://theconfidentmom.com/09/parenting/setting-realistic-expectations-for-your-child/

https://www.raisesmartkid.com/1-to-3-years-old/3-articles/discipline-niños-teaching-good-behavior-1-3-year-old-child

https://www.verywellfamily.com/why-it-is-important-to-discipline-your-child-1094790

http://www.justthefactsbaby.com/mom/article/does-your-niños-listen-to-you-51

https://www.babble.com/body-mind/stop-yelling-15-ways-to-practice-patience-with-your-kids/

https://www.janetlansbury.com/2010/05/talking-to-niñoss-4-secrets-that-bring-you-closer/

www.ingramcontent.com/pod-product-compliance
Lightning Source LLC
Chambersburg PA
CBHW071521080526
44588CB00011B/1517